고1
학습
완전정복

북오션은 책에 관한 아이디어와 원고를 설레는 마음으로 기다리고 있습니다. 책으로 만들고 싶은 아이디어가 있으신 분은 이메일(bookrose@naver.com)로 간단한 개요와 취지, 연락처 등을 보내주세요. 머뭇거리지 말고 문을 두드리세요. 길이 열릴 것입니다.

고1 학습 완전정복

초판 1쇄 발행 | 2013년 1월 5일
초판 4쇄 발행 | 2015년 1월 20일

지은이 | 서상훈 · 장문성
펴낸이 | 박영욱
펴낸곳 | (주)북오션

경영총괄 | 정희숙
편 집 | 지태진
마케팅 | 최석진
표지 및 본문 디자인 | 서정희
법률자문 | 법무법인 광평 대표 변호사 안성용(02-525-3001)

주 소 | 서울시 마포구 서교동 468-2
이메일 | bookrose@naver.com
페이스북 | bookocean
전 화 | 편집문의: 02-325-9172   영업문의: 02-322-6709
팩 스 | 02-3143-3964

출판신고번호 | 제313-2007-000197호

ISBN 978-89-6799-001-5 (43370)

「이 도서의 국립중앙도서관 출판예정도서목록(CIP)은 서지정보유통지원시스템 홈페이지(http://seoji.nl.go.kr)와 국가자료공동목록시스템(http://www.nl.go.kr/kolisnet) 에서 이용하실 수 있습니다. (CIP제어번호: CIP2012005729)」

고1
학습
완전정복

서상훈 · 장문성 지음

북오션

머리말

논란의 여지는 있지만 현실적으로 보면 초·중·고 학생들의 가장 중요한 목표는 대학 입학이다. 대입이라는 목표를 달성하려면 진로와 입시, 학습(과목, 공부법)이라는 세 가지 중요한 요소가 조화와 균형을 이뤄야 한다. 보통 진로는 초등학교 또는 중학교 때 정하고, 입시는 중3이나 고1 때부터 본격적으로 시작된다. 학습은 기본기에 해당되므로 학년에 상관없이 계속 진행된다.

초등학생, 중학생 때와는 사뭇 다른 학교 생활을 시작하는 고등학교 1학년 학생들에게 가장 중요한 것은 무엇일까? 고등학교 3년을 보낸 후 찾아오는 대입 수능의 발걸음은 고1부터 시작된다.

고등학교 1학년이란 중학교 때 공부를 잘한 학생에게도, 못한 학생에게도 공평하게 주어지는 새로운 3년의 시작이다. 때로 중학교 시절 공부를 잘하지 못했던 학생의 성적이 확 오르기 시작하는 것도 이 시기다.

미래를 준비하는 이 시기에 가장 중요한 것은 '바른 공부습관'을 몸에 익히고 실천해 나가는 것이다. 잘 익힌 습관이 더 좋은 결과, 역

전의 결과를 이끌어 내도록 하는 시기가 바로 지금이다. 이 시기를 어떻게 보내느냐에 따라 3년 뒤가 달라진다.

이 책은 고등학교 입학 전인 중학교 3학년과 고등학교에 막 입학한 17세를 위한 학습서다. 새로운 시기에 놓인 학생들과 학부모의 막연한 불안감을 덜어주고 공부의 기초를 잡아주며 학습 습관을 몸에 익히도록 돕고자 이 책을 집필했다.

고등학생이 된 학생들과 학부모들은 3년이라는 세월 후에 찾아올 수능이라는 제도와 대학입시 그리고 그 관문을 통과하기 위해 학습에 관한 핵심 사항을 출발선에 선 지금 이 순간 정확하게 파악해야 한다.

머릿속에 코스 지도를 넣고 달리는 마라토너는 적당한 휴식 지점과 스퍼트 지점, 승부를 걸 구간이 어딘지에 대한 전략을 짤 수 있다. 하지만 전체적인 그림을 그리지 못하고 떠밀려서 출발선에 선 마라토너는 앞 사람의 등만 보고 따라서 달릴 수밖에 없다. 두 사람의 승부는 시작에서부터 이미 결과가 훤히 보인다.

이 책은 이제 출발선에 선 고1 학생들의 학습에 대한 마인드를 다잡고, 대입 시험에 대한 단계별 전략, 과목에 따른 공부법과 요령, 새 학기가 시작되는 3월부터 겨울방학까지 실천할 수 있는 학습계획표를 제시하고 있다. 공부 습관을 익히는 데 많은 도움이 될 것이다.

입시와 학습 분야의 결합으로 '입시학습법'이라는 새로운 콘셉트를 완성하기 위해 두 분야의 전문가가 뭉쳤다. 장문성 선생님은 20년 가까운 입시 상담 경력을 바탕으로 쉽게 이해되고 실전에서 위력을 발휘할 입시 전략을 제시했고, 서상훈 선생님은 10년 가까운 학습법 교육 경력을 바탕으로 성공 학습자들의 노하우를 분석해 탁월한 학습 전략을 제시하고 있다.

초·중·고 학창시절 중 가장 중요한 시기가 바로 중3에서 고1 올라가는 기간이다. 이 책을 통해 학생들은 고등학교 1학년이 되기 전에 알아두어야 할 대학입시에 대한 여러 가지 정보를 접하게 되고, 효율적인 학습 방법에 대해 정리해보는 기회를 가질 것이다.

대학입시는 고등학교를 입학한 후에 시작되어서는 안 된다. 고등학교에 입학하면 무엇을 해야 할지 미리 생각할 수 있어야 한다. 이 책이 멘토로서 학생들에게 좋은 가이드가 되길 바란다.

희망찬 새 봄을 기다리며
멋진 멘토를 꿈꾸는 두 선생님이

차례

Part 1

중3부터 생각하는
대학입시

아들은 고1 시기를 거쳐 갔고 딸은 고1을 앞두고 있다.

평소 대학입시 전문가라 자부하던 나는 첫 아이인 아들이 고등학교에 들어가 여러 가지 시행착오를 겪는 과정을 보면서 대학입시가 정말 쉽지 않다는 것을 새삼 깨닫게 되었다. 그래서 둘째인 딸은 미리 준비시켜야겠다는 생각을 하게 되었다.

대학입시는 고등학교를 들어가서 시작하는 것이 아니다. 중학교를 졸업하기 전부터 준비해야 한다. 고등학교에 입학하는 순간부터 대학입시는 바로 시작되기 때문에 입학 전에 대학교에 대한 여러 가지 정보를 확인하고 자신의 진로를 잡는 것이 필요하다.

이번 장에서는 학생의 미래라고 할 수 있는 진로 설정에 대해서 중점적으로 알아보자.

1
왜 지금부터 대학입시를
준비해야 할까

초등학생이 중학생이 되면 여러 가지로 변화가 심하다. 교복, 꽉 짜인 시간표, 과목별 선생님, 보충학습 등등. 그러다 보니 중학교 1학년 때는 학교생활에 적응을 제대로 못하고 어영부영 보내는 경우가 생긴다. 그러다 2학년이 되어서야 비로소 자리를 잡게 되는 경우가 있다. 그래서 특목고 입시는 대부분 중2 성적부터 반영한다. 중학생들에게 중1 성적은 절대적이지 않다.

하지만 대학입시는 다르다. 중학생이 고등학생이 된다고 해서 특별하게 달라지는 것은 없다. 자신이 다니는 학교가 바뀌는 것과 각 교시의 수업 시간이 5분씩 더 늘어난다는 것을 제외하면 그다지 변화가 없다.

그러니 중1 때처럼 어영부영 시간을 보내서는 안 된다. 대학입시는 고1의 성적부터 반영된다. 고등학교에 들어가서 바로 적응하지 못하면 고3이 되었을 때 진로를 정해도 고1의 내신성적이 발목을 잡는 경우가 생긴다.

또한 최근 대학입시에서 중요한 전형으로 떠오르고 있는 '입학사정관전형'을 준비하기 위해서는 다양한 활동을 해야 한다. 자신이 지원하고자 하는 학과에 관련된 지속적인 관심과 활동이 있다는 깃을 입학사정관에게 잘 알려야 합격할 수 있기 때문이다.

중학생 때는 벼락치기로 시험 준비를 한 학생도 많을 것이다. 벼락치기로 잠깐 성적을 올릴 수 있을지 몰라도 시간을 속일 수는 없다. 입학사정관전형은 꾸준함이 핵심이다. 관련된 학과목에서도 좋은 성적을 얻어야 하고 동아리 활동이나 봉사활동에서도 자신이 지원하고자 하는 학과와 관련된 활동을 하는 것이 중요하다.

그러기 위해서는 늦어도 중3 때 자신이 어느 학과에 관심이 있는지 결정하는 것이 필요하다. 물론 고등학교 생활을 하면서 보다 많은 정보를 접하다 보면 진로가 바뀔 수도 있다. 그렇지만 대부분의 학생들은 어렸을 때 자신이 좋아하는 분야가 정해지므로 이 시기의 진로 결정은 매우 중요하다.

진로와 관련이 있는 활동 중에서 중요한 것이 동아리 활동이다. 대부분의 학교 동아리는 한번 활동을 시작하면 중간에 바꾸는 것이 쉽지 않다. 따라서 자신의 진로가 어느 정도 결정되었다면 고등학교에 입학하고 동아리를 선택할 때 자신의 진로와 비슷한 계열로 정하는 것이 미래의 활동을 펼쳐 가는 데 도움이 된다.

2
대학의 계열별 학과
알아보기

진학할 고등학교가 정해졌다면 이제 어떤 계열로 진로를 잡을지 결정해야 한다. 계열이라고 하면 크게 인문계(문과), 자연계(이과), 예체능계를 말한다. 중학생 때 어느 정도 자신의 진로를 결정한 학생도 있지만 아직은 깊이 생각하지 않은 학생들이 많을 것이다.

필자가 대학 입학원서를 작성하기 위한 컨설팅을 진행해 보면 막상 당사자인 학생들이 대학에 어떤 학과가 있는지, 그 학과에서 무엇을 배우는지 잘 알지 못하는 경우가 많다. 그러니 대학에는 어떤 학과들이 있고 그 학과에서는 어떤 수업을 하고 졸업 후에는 사회에서 어떤 일을 하는지에 대해서 미리 알아보는 과정이 필요하다.

전국에 있는 모든 대학의 학과를 정리하는 것은 어렵기도 하고 실상 큰 의미도 없다. 때문에 서울에 있는 최상위권 대학의 모집단위(학과, 학부, 계열 등)와 입학 정원 위주로 살펴보기로 하자.

중3을 마무리하는 단계에서는 구체적인 직업을 생각하지 못할 수도 있지만, 고등학생이 된다면 당장 대학 진학이 목표가 되므로 대학별로 어떤 학과들이 있는지 살펴보는 것은 중요하다.

예전에는 고1이 되고 1학기가 마무리될 때쯤 계열을 조사하고 고2부터 계열을 나누어서 수업을 들었지만 최근에는 고등학교에 입학하면서 바로 계열을 결정하는 고등학교들이 있기 때문에 중3부터 자신이 앞으로 진학할 계열과 학과에 대해서 고민해보는 것이 필요하다. 과학고, 외국어고, 국제고를 지원한 학생들은 좀 더 빨리 진로에 대해 생각하지만 자율형사립고에 지원하는 학생들은 확실한 계열을 정하지 못한 경우가 있고, 일반고에 지원하는 학생들은 좀 막연하게 자신의 진로를 생각하는 경향이 있다.

많은 학생들이 수학이나 과학 또는 사회 등의 일부 과목의 성적을 바탕으로 계열을 정한다. 하지만 자신의 진로를 단순히 교과목의 성적을 보고 정하는 것보다는 미래를 생각하고, 자신이 관심을 갖고 있는 직업이 무엇인지 찾아보고 결정하는 것이 좋다.

진로가 결정되면 대학에서 어떤 학과를 전공해야 하는지 정해질 것이고, 그러면 어떤 대학에 자신이 원하는 학과가 있고, 어떤 대학의 학과가 자신의 진로를 위해서 좋을지 답이 나온다.

그러고 나면 자신의 성적이 어느 정도 나와야 하고, 자신이 진학하는 고등학교에 따라서 어떤 전형이 유리할지 생각할 수 있게 된다.

그러면 앞으로 고등학교 생활에서 어떤 활동에 더 우선순위를 두고 지내야 하는지 명확하게 정해서 불필요한 과정을 줄이고 오직 합격이라는 목표만을 위해 노력할 수 있게 된다.

간단하게 예를 들어보자면 TV 드라마 등의 방송작가가 꿈인 학생이라면, 고등학교에서는 인문계열을 선택해 인문계열의 수업을 듣고, 학교 동아리는 문예반에 가입해 활동하고, 학교 내부행사나 시·도 교육청에서 주최하는 백일장 등의 행사에 꾸준히 참여하며 입학사정관에게 제시할 수 있는 실적을 쌓는 노력이 필요하다. 대학은 문예창작과가 있는 대학을 알아보고, 평소 좋아하는 소설이나 시 등이 있다면 그 소설이나 시를 지은 작가가 교수님으로 재직 중인 대학을 알아보는 노력 등이 필요하다.

| 주요대학 계열별 모집인원(2013학년도) |

	계열	정원		계열	정원		계열	정원
예체능계열	공연계열	209	인문계열	경상계열	4,395	자연계열	공학계열	7,558
	미술계열	655		사회과학계열	4,064		자연과학계열	2,659
	음악계열	732		인문학계열	4,776		의약계열	1,235
	체육계열	600		교육계열	1,168		생활과학계열	375
				기타계열	1,118		교육계열	437
	계	2,196		계	16,248		계	12,328

주요대학 가나다순 – 경희대(서울), 고려대(서울), 서강대, 서울대, 서울시립대, 성균관대, 연세대(서울), 이화여대, 중앙대(서울), 한국외대(서울), 한양대(서울)

예체능계열에는 어떤 학과가 있고, 어떤 진로로 나아갈까?

　예술고나 체육고를 제외한 일반계 고등학교 교육과정에는 예체능계열이 따로 없다. 따라서 일반계 고등학교 학생들은 인문계열의 교육과정으로 공부를 하면서 따로 실기 준비를 한다. 물론 사회교과보다 과학교과가 쉽다면 자연계열을 선택할 수도 있다. 다만 대학에서 사회교과 선택을 원하는 경우가 있기 때문에 자신이 희망하는 대학이 있다면 꼭 확인을 하고 결정해야 한다.

　예체능계열은 실기에 따라서 자신이 선택할 수 있는 계열이 뚜렷해지고 준비해야 하는 것도 명확히 다르기 때문에 일단 계열이 정해지면 준비하는 과정은 계열마다 다르다. 최근에는 실기가 없는 경우도 있기 때문에 자신이 원하는 대학에서 실기를 어느 정도 비중으로 반영하는지 알아보고 3년 동안 실기를 준비하는 방법에 대해서 계획을 잘 세우는 것이 필요하다.

　실기만 잘하면 대학에 갈 수 있다는 생각을 갖고 교과 공부에 소홀하다가는 상위권 대학에 진학하기 어려울 수 있으니 조심해야 한다. 물론 계열마다 실기가 차지하는 비중이 다르기 때문에 자신의 진로를 명확하게 결정하고 준비하는 것이 중요하다.

대학	공연계열 모집단위 (총 209명)
성균관대	영상학(40), 연기(25), 연출(5)
중앙대(서울)	연극(연기)(34), 연극(연출/공연기획)(9), 영화(30), 공간연출(18)
한양대(서울)	연극영화학전공(48)

대학	미술계열 모집단위 (총 655명)
경희대(서울)	한국화(20), 회화(32), 조소(18)
고려대(서울)	디자인조형학부(산업정보디자인, 조형미술)(50)
서울대	공예(16), 디자인(29), 동양화(16), 서양화(21), 조소(20)
서울시립대	시각디자인(15), 공업디자인(15), 환경조각(36)
성균관대	서양화(20), 동양화(20), 시각디자인(20), 써피스디자인(20)
이화여대	조형예술학부(동양화, 서양화, 조소, 도자예술)(181) 디자인학부(패션, 공간, 시각, 산업, 영상디자인)(106)

대학	음악계열 모집단위 (총 732명)
경희대(서울)	기악(74), 작곡(18), 성악(38)
서울대	성악(26), 작곡(20), 기악(71), 국악(28)
서울시립대	작곡(4), 성악(8), 기악(18)
연세대(서울)	교회음악(17), 성악(26), 피아노(21), 관현악(40), 작곡(20)
이화여대	음악학부(건반악기, 관현악, 성악, 작곡, 한국음악)(198)
한양대(서울)	성악(30), 관현악(40), 국악(35)

대학	체육계열 모집단위 (총 600명)
고려대(서울)	체육교육과(80)
서울대	체육교육과(38)
서울시립대	생활체육정보학과(40)
성균관대	발레(13), 스포츠과학(83), 한국무용(14), 현대무용(13)
연세대(서울)	스포츠레저학과(44), 체육교육과(46)
이화여대	무용과(43), 체육과학부(60)
중앙대(서울)	체육교육과(30)
한양대(서울)	무용학과(36), 스포츠산업학과(30), 체육학과(30)

예체능계열의 대표적인 직업

1. 화가 및 조각가

화가가 되기 위해서는 회화과, 동양화과, 서양화과 등의 미술대학에 진학하는 것이 일반적이다. 혼자 공부하고 일정한 경지에 올라 미술공모전에 입상하여 화가의 길로 들어서는 사람들도 있으며 사설학원 등에서 교육받을 수도 있다. 관련학과에는 미술학과, 공예학과, 서양화과, 동양화과, 회화학과, 서예과 등이 있다.

대한민국의 생활수준 향상과 여가시간의 증가로 인해 예술 전시가 활성화되고 있으며 정부나 기업의 문화 후원도 늘어날 것으로 보인다. 이에 따라 향후 10년간 화가의 고용은 증가할 것으로 전망된다.

정부의 산업·직업별 고용구조 조사(이하 모두 2009년 자료 참고)에 의하면, 화가 및 조각가의 종사자 수는 7,160명이다. 성비는 남성 72.8%, 여성 27.2%이며, 평균 연령은 46세다. 이 중 대학을 졸업한 사람은 56.7%, 고등학교 졸업이 26.4%이며 전체적으로 평균 14.9년의 학력을 보유하고 있다.

2. 학예사(큐레이터)

큐레이터는 박물관이나 미술관에서 관람객을 위해 전시회를 기획하고 작품을 수집하며, 관리를 담당한다. 또한 관람객들에게 소장품이나 자료에 대한 이해를 돕기 위해 교육 프로그램을 개발하고 실행한다. 특히 미술관 큐레이터는 미술 관련 예술작품의 전시를 기획하고, 작품 선정과 수집이 끝나면 미술관의 공간과 작품 수량, 주제를 고려하여 작품을 진열한다. 전시할 작품의 진위 여부를 판단하고 소장 작품인 경우에는 훼손되지 않도록 관리한다.

큐레이터가 되기 위해서는 고고학, 고고미술사학, 미학, 미술사학 등의 관련 학과를 전공하는 것이 일반적이며 보통 석사 이상의 학력을 요구한다. 일부 대학이나 대학원의 큐레이터 양성과정, 예술대학원이나 미술대학원의 예술기획전공, 예술경영학, 박물관학, 미술관학, 문화관리학 등에서도 관련 교육을 받을 수 있다. 관련 자격증으로는 정학예사 자격증이 있다.

정부 조사에 의하면 학예사를 포함한 큐레이터 및 문화재 보존원의 종사자 수는 2,308명이다. 성비는 남성 70.7%, 여성 29.3%이며, 평균 연령은 41.9세이다. 이 중 대학을 졸업한 사람은 34.7%, 석사이상이 39.6%이며 전체적으로 평균 15.7년의 학력을 보유하고 있다.

국·공립 박물관, 미술관, 사립박물관 및 미술관, 대학박물관, 상업화랑 등으로 진출한다.

3. 촬영기사

촬영기사는 영상에 대한 감각이 요구되며, 장비를 조작하고 활용할 수 있는 숙련 기술과 새로운 장비나 기술에 대한 지식이 있어야 한다. 여러 스텝들과의 호흡이 중요하기 때문에 원활한 인간관계를 형성할 수 있어야 하며, 무거운 방송장비를 취급해야 하므로 체력적으로도 튼튼해야 한다. 예술과 사회에 흥미를 가진 사람에게 적합하며, 혁신, 사회성, 리더십, 적응력 등의 성격을 가진 사람이 유리하다.

촬영기사가 되기 위해 특별히 요구되는 자격이나 학력은 없으나 전문대학 및 대학교의 전기·전자·통신 관련 학과 또는 영상제작, 방송기술 관련 학과를 졸업하는 것이 일반적이다.

정부 조사에 의하면 촬영기사의 수는 5,447명이다. 성비는 남성 94.2%, 여성 5.8%이며, 평균 연령은 34.6세이다. 이 중 대학을 졸업한 사람은 68.5%, 전문대학 졸업이 16.2%이며 전체적으로 평균 15년의 학력을 보유하고 있다.

촬영기사는 지상파방송사, 종합유선방송사(CATV), 독립프로덕션 등에서 주로 종사하거나 프리랜서로 활동한다.

4. 연주가

연주가는 음악적 재능과 악기의 음색이나 화성의 진행을 파악할 수 있는 청력이 요구되며 정교한 손동작을 갖추어야 한다. 다른 사람들과 같이 공연하는 경우가 많으므로 원만한 대인관계 유지 능력이 필요하며 오랜 연습을 견딜 끈기와 인내심이 있어야 한다. 예술과 탐구에 흥미를 가진 사람에게 적합하며, 스트레스 감내, 꼼꼼함, 인내심 등의 성격을 가진 사람들에게 유리하다.

연주가가 되기 위해서는 예술 중·고등학교나 전문대학 혹은 4년제 대학교의 음악대학에 개설된 관현악과, 기악과, 피아노학과, 음악과 등 관련학과를 전공하는 것이 일반적이다.

정부 조사에 의하면 지휘자·작곡가 및 연주가의 수는 12,761명이다. 성비는 남성 67.3%, 여성 32.7%이며, 평균 연령은 37.6세이다. 이 중 대학 졸업이 52%이며, 석사 이상 졸업한 사람은 18%이고 평균 15.3년의 학력을 보유하고 있다.

국·공립 또는 사립 합창단과 관현악단(오케스트라), 교향악단 등의 단체에 소속되어 활동하거나 프리랜서 음악가로 활동한다.

5. 스포츠 트레이너

트레이너는 기본적으로 관련 종목에 대한 지식과 다양한 기술을 알고 있어야 한다. 그 외에도 선수를 이끌 수 있는 지도력과 통솔력, 의사소통력, 선수들의 체력과 체중을 효과적으로 관리할 수 있는 다양한 운동 방법 및 스포츠와 관련된 의학 지식이 요구되고, 선수의 기량과 능력에 따라 운동량과 식이요법을 지시할 수 있는 분석력과 판단력도 요구된다. 리더십, 남에 대한 배려, 성취욕 등의 성격을 가진 사람에게 유리하다.

정부 조사에 의하면 스포츠 트레이너가 포함된 스포츠 및 레크레이션 강사의 수는 총 73,718명이다. 남자 73.9%, 여자 26.1%이며, 평균 연령은 34.3세이다. 이 중 대학교를 졸업한 사람이 46%, 고등학교를 졸업한 사람은 26.1%이며, 전체적으로 평균 14.3년의 학력을 보유하고 있다.

인문계열(문과) / 자연계열(이과)의 진로 결정

인문계열은 크게 인문학, 사회과학, 경상계열로 나눌 수 있고, 자연계열은 공학, 자연과학, 의학계열로 나눌 수 있다. 최근에는 다양한 분야의 학과들이 새롭게 등장하기 때문에 계열별로 나누는 것이 애매한 경우가 있지만 그래도 어느 정도 크게 나눈다면 위의 세 가지로 분류할 수 있다.

인문계열 학과는 대부분 고등학교에서 어떤 계열로 공부를 해도 지원할 수 있다. 자연계열의 학과에 비해 학생들의 수능 계열에 무관하게 선발하는 경우가 많다. 물론 대학에 따라 반드시 사회탐구영역에 응시해야 한다는 조건을 달기도 하니 주의해야 한다.

자연계열의 경우, 특히 상위권 대학의 자연계열 학과에 지원할 때는 반드시 자연계열에 해당하는 수학을 선택해야 하고, 과학탐구에 응시해야 한다는 제한 조건이 있다. 물론 중위권 자연계열 대학에서는 꼭 자연계열의 수학에 응시하지 않아도 지원이 가능한 경우가 있기는 하지만, 상위권 대학은 인문계열에 비해 제한 조건이 까다롭다.

따라서 고1 때 자신이 가고자 하는 학과를 아직 명확하게 정하지 못한 학생들은 일단 자연계열 수업을 받는 것이 나중에 진로선택의 폭을 넓히는 데 도움이 될 수 있다. 하지만 자연계열의 수학이 매우 어렵기 때문에 수학에 자신 없다면 신중하게 생각해야 할 것이다.

지금까지 근 20년간 유지되어 온 추세이기에 추후 수능 제도가 변경되더라도 이 부분은 계속 비슷한 경향을 보일 것이다. 인문계열은 수학 A형과 B형이 모두 가능하지만 자연계열은 반드시 수학 B형을 보아야 할 것으로 예측된다.

경상계열에는 어떤 학과가 있고, 어떤 진로로 나아갈까?

최근 가장 인기가 높은 곳이 경상계열이다. 경상계열은 인문계열 중에서도 수학을 중요하게 여기는 분야다. 경영학과나 경제학과 등이 이 계열에 속하는데 최근에는 다양한 학과들이 이 계열에서 등장하고 있다. 좀 더 특색 있는 학과를 만들어 상위권 학생들을 유치하고 싶은 생각이 각 대학에 있는 것 같다.

로스쿨(법학전문대학원)이 생기면서 법학과가 없어진 대학에서는 경영학과가 인문계열 학생들이 가장 선호하는 학과가 되었다. 하지만 경영학과 등은 어쩌면 가장 특색 없는 학과일 수도 있다. 최상위권의 대학이 아니라면 경영학과를 고집하는 것보다는 오히려 특색 있는 학과를 선택하는 것이 장래 진로를 위해 훨씬 현명할 수 있다.

대학	경상계열 모집단위 (총 4,370명)
경희대(서울)	경영학(240), 경제학(100), 무역학(80), 회계세무학(70)
고려대(서울)	경영학(320), 경제학(117), 식품자원경제학(53), 통계학(70)
서강대	경영학(302), 경제학(198)
서울대	경영대학(135), 농경제사회학(42)
서울시립대	경영학(210), 경제학(90), 세무학(65)
성균관대	경영학(268), 글로벌경영학(141), 글로벌경제학(108)
연세대(서울)	경영학(289), 경제학(186), 응용통계학(61)
이화여대	경영학(132)
중앙대(서울)	경영학(335), 글로벌금융(40), 경제학(113), 응용통계학(33), 지식경영학(139)
한국외대(서울)	경영학(140), 경제학(72), 국제통상학(52)
한양대(서울)	경제금융학부(120), 파이낸스경영학(49)

경상계열의 대표적인 직업

1. 감정평가사

감정평가사는 동산(공장, 자동차, 항공기 등), 부동산(토지, 건물, 아파트, 임야 등), 무형 자산 등의 경제적 가치를 평가하여 그 결과를 화폐 가치로 산정한다. 공시지가의 조사 평가, 국세, 지방세 등의 부과 기준가격 산정을 위한 감정평가, 공익사업을 위한 보상평가, 금융기관 등의 담보평가, 법원 경매물건평가 등을 담당한다.

수치와 통계를 계산하고 적용할 수 있는 수리능력, 공간지각력, 판단 및 의사결정능력을 갖추어야 한다. 꼼꼼하고 세밀한 성격을 가진 사람이 유리하며 이해관계에 따라 감정평가의 결과가 좌우되지 않도록 공정성과 신뢰성, 책임감 등과 같은 엄격한 직업의식이 요구된다.

정부 조사에 의하면 감정평가사의 종사자 수는 6,345명이다. 성비는 남자 73.1%, 여자 26.9%이며, 평균 연령은 42.4세이다. 이 중 고등학교를 졸업한 사람이 10.6%, 대학교를 졸업한 사람은 75%이며, 전체적으로 평균 15.5년의 학력을 보유하고 있다.

감정평가사가 되기 위해서는 건설교통부에서 주관하고 한국감정평가협회에서 시행하는 감정평가사 자격증을 취득해야 한다. 감정평가사 시험에 학력, 나이, 전공 등의 자격제한은 없다. 자격증 취득 후에는 한국감정원, 감정평가법인, 합동사무소, 개인사무소, 토지개발공사, 주택공사, 보험회사 등에 진출한다.

2. 외환딜러

외환딜러는 달러($)화, 엔화, 유로화 등 국제 금융시장에서 통용되는 외환과 파생상품을 싼 시점에 사들이고 비쌀 때 팔아 그 차액을 남기는 일을 한다.

직관력, 통계학적 판단력과 결단력이 있어야 하며, 능숙한 외국어 실력이 요구된다. 또 세계의 정세변화와 경제변동에 대한 지식을 갖추어야 한다. 손해를 보아도 금방 잊어버릴 수 있도록 대담한 성격을 가진 사람에게 유리하며 자기통제능력이 있어야 한다.

정부 조사에 의하면 외환 및 증권 딜러의 수는 14,034명이다. 성비는 남성 72%, 여성 28%이며, 평균 연령은 35.5세이다. 이 중 대학교를 졸업한 사람은 88.8%, 석사 졸업 이상이 8.4%이며 전체적으로 평균 16.1년의 학력을 보유하고 있다.

외환딜러는 공채나 특채를 통해 은행, 증권회사, 기업 등에서 근무한다.

3. 회계사

회계사는 개인이나 기업, 공공시설, 정부기관 등의 경영상태, 재무상태, 지급능력 등의 다양한 재무보고와 관련하여 상담을 해주거나 관련서류를 작성한다. 기업의 회계와 결산 업무가 바르게 행해지도록 재무제표를 작성하고, 전표와 장부의 정비 및 개선에 대해 지도하는 회계 업무를 수행한다.

회계사는 회계 관련 서류들을 세밀하게 검토하고 계산상의 오류를 잡아낼 수 있는 수리능력과 분석력, 정확한 판단력이 필요하다. 꼼꼼하고 치밀한 성격이 유리하며 공정한 업무처리능력과 다양한 고객을 상대하기 때문에 원만한 대인관계능력을 갖추어야 한다.

정부 조사에 의하면 회계사로 활동하고 있는 사람은 17,139명이다. 성비는 남성 86.3%, 여성 13.7%이며, 평균 연령은 39.1세이다. 이 중 대학을 졸업한 사람은 86.2%, 석사 이상이 11.8%이며 평균 16.2년의 학력을 보유하고 있다.

회계사가 되기 위해서는 금융감독원에서 주관하는 공인회계사 시험에 합격해야 한다. 시험 합격 후 회계법인, 개인사무소, 정부기관, 금융기관, 일반 기업체 등으로 진출한다.

사회과학계열에는 어떤 학과가 있고, 어떤 진로로 나아갈까?

주로 정치, 경제, 외교, 방송, 관광 등이 사회과학계열의 영역에 속하게 된다. 최근 학생들에게 인기가 높아지고 있는 계열이다. 특히 방송이나 관광 등의 분야는 학생들이 재미있게 일할 수 있는 분야라 생각해서 인기가 더 높다. 워낙 다양한 분야의 학문들이 있기 때문에 자신의 적성에 맞는 학과를 선택하여 진로를 결정해야 할 분야이기도 하다.

대학	사회과학계열 모집 단위 (총 4,064명)
경희대(서울)	Hospitality경영학(170), 관광학(80), 사회학(40), 언론정보학(80), 정치외교학(45), 행정학(75)
고려대(서울)	국제학부(60), 미디어학(72), 보건행정학(40), 사회학(67), 정치외교학(79), 행정학(79)
서강대	국제한국학계(20), 사회과학계(118), 커뮤니케이션학(90)
서울대	사회과학계열(320)
서울시립대	국제관계학(45), 도시사회학(40), 도시행정학(40), 사회복지학(40), 행정학(80)
성균관대	글로벌리더학(87), 사회과학계열(520)
연세대(서울)	사회복지학(28), 사회학(41), 언론홍보영상학부(46), 정치외교학(85), 행정학(83)
이화여대	국제사무학(25), 국제학부(80), 사회과학부(336), 언론홍보영상학부(90)
중앙대(서울)	공공인재학부(101), 광고홍보학(43), 사회복지학(89), 사회학(49), 신문방송학(64), 정치국제학(44)
한국외대(서울)	국제학부(30), 언론정보학(60), 정치외교학(43), 행정학(43)
한양대(서울)	관광학부(36), 사회과학부(150), 정책학(100)

사회과학계열의 대표적인 직업

1. 외교관

외교관은 뛰어난 외국어 구사 능력이 필요하며, 분석적 사고와 판단력, 의사결정능력이 있어야 한다. 국가를 대표하는 직업인 만큼 확고한 국가관과 책임의식이 있어야 하며, 원만한 인간관계를 유지할 수 있는 능력과 협상 능력이 필요하다.

정부 조사에 의하면 외교관이 포함된 의회의원·고위공무원 및 공공단체 임원의 종사자 수는 3,968명이다. 성비는 남성 85.2%, 여성 14.8%이며, 평균 연령은 51.9세이다. 이 중 대학교를 졸업한 사람은 68.4%, 석사 졸업 이상이 17.3%이며 전체적으로 평균 16.1년의 학력을 보유하고 있다.

2013년부터는 '새로운 외교관 선발제도'가 도입된다. 새로운 선발제도에서는 1차~3차까지의 시험을 통해 '외교관후보자' 자격으로 국립외교원에 입학, 1년간의 교육을 거친 뒤 훌륭한 자질을 갖추었음이 검증된 사람만이 외교관이 될 수 있다. 이외에도 외무영사직 7급 시험 및 특별한 수요가 발생한 경우 전문지식과 식견을 갖춘 사람을 특별채용하는 등 여러 가지 방법을 통해 외교관을 선발한다.

2. 사회복지사

사회복지사는 청소년, 노인, 여성, 가족, 장애인 등 다양한 사회적, 개인적 욕구를 가진 사람들의 문제를 사정하고 평가해 문제 해결을 돕고 지원한다. 다른 사람의 욕구와 행동에 적절히 대응할 수 있는 문제해결능력과 협상, 설득 능력이 필요하다. 인간존중 및 사회정의에 대한 사명의식, 봉사정신이 필요하며 상대방에 대한 배려와 협동심, 원만한 대인관계를 유지할 의사소통능력이 요구된다.

정부 조사에 의하면 사회복지사의 수는 70,275명이다. 성비는 남성 10.9%, 여성 89.1%이며, 평균 연령은 48.4세다. 이 중 대학을 졸업한 사람은 57.2%, 석사 이상이 33.6%이며 전체적으로 평균 11.7년의 학력을 보유하고 있다.

사회복지사가 되려면 한국사회복지사협회에서 발급하는 사회복지사 자격증이 필요하다. 사회복지사 자격증은 고등학교를 졸업하고 보건복지부장관이 지정하는 교육훈련기관에서 24주 이상 교육훈련을 이수하거나, 전문대학·대학교·대학원 등에서 사회복지학, 사회사업 등 관련학과를 졸업해서 취득하는 것이 일반적이다. 2, 3급 자격증은 자격 요건이 되면 취득할 수 있으나 1급은 국가시험에 합격해야 한다.

주로 사회복지관, 노인복지관, 장애인복지관, 지역아동센터 등과 같은 사회복지 이용시설이나 장애인재활시설, 아동양육시설, 모자·부자복지시설, 노인요양시설 등의 사회복지 생활시설 등으로 진출한다.

3. 방송연출가(프로듀서)

방송연출가(프로듀서)는 창의력과 독창적인 아이디어가 있어야 하

며 많은 사람들을 지휘할 수 있는 통솔력과 위기대처능력이 있어야
한다. 다양한 정보에 대해 폭넓게 수용하는 태도가 필요하며 신체적
인 건강과 원만한 대인관계가 요구된다.

정부 조사에 의하면 방송연출가가 포함된 감독 및 기술감독의 종
사자 수는 20,495명이며, 성비는 남자 87%, 여자 13%, 평균 연령은
36.6세이다. 이 중 대학교를 졸업한 사람이 75.7%이고 전문대를 졸
업한 사람은 10.7%이며, 전체적으로 평균 15.7년의 학력을 보유하
고 있다.

방송연출가가 되기 위해서는 각 방송사에서 실시하는 공채시험에
합격해야 한다.

4. 호텔지배인

호텔지배인이 되기 위해서는 외국어 실력이 필수다. 호텔 경영 및
관리 전반에 대한 지식과 실무 경험이 요구되며, 각 부서 종업원을
통솔하여 지휘·감독할 수 있는 리더십이 필요하다. 고객들의 다양
한 요구사항을 조율하고 처리할 수 있는 봉사 및 서비스 정신, 대인
관계능력도 요구된다.

정부 조사에 의하면 호텔지배인이 포함된 숙박·여행·오락 및
스포츠 관련 관리자의 종사자 수는 5,864명이다. 성비는 남성
76.6%, 여성 23.4%이며, 평균 연령은 47.7세이다. 이 중 고등학교를
졸업한 사람은 18.5%, 대학교 졸업은 62.3%이며 평균 15.4년의 학
력을 보유하고 있다.

호텔지배인이 되려면 호텔에 사원으로 입사하여 몇 년 정도의 실무경험을 쌓으면 지배인으로 승진할 수 있으며, 한국관광공사가 시행하는 시험에 합격해야 한다.

인문학계열에는 어떤 학과가 있고, 어떤 진로로 나아갈까?

인문학계열에서 가장 대표적인 분야는 어문계열이다. 어문계열에는 각종 언어 관련 학과들이 있다. 언어에 관련된 학과를 졸업하면 통역, 번역 등의 업무에 종사하는 직업을 갖는 게 가장 기본적이고, 기자, 작가 등으로 나아가기도 쉽다. 물론 직업의 영역에서는 어학만 잘한다고 되는 것이 아니기에 순수한 언어 관련 학과를 나오는 사람은 부전공으로 다른 학과를 같이 공부하는 경우가 많다.

그 외에도 인문학계열에는 심리학, 역사학, 철학 등에 관련된 학과들이 있다. 기본적인 학문이다 보니 한때는 취업이 어려워서 진학을 꺼려했지만 최근 들어 사회 각 분야에서 인문학에 대한 인식이 새롭게 변화하면서 다양한 경로로 나갈 수 있는 길이 생겼다.

대학	인문학계열 모집 단위 (총 4,776명)
경희대(서울)	국어국문학(60), 영어학부(90), 사학(40), 철학(40)
고려대(서울)	국어국문학(57), 노어노문학(42), 독어독문학(42), 불어불문학(42), 서어서문학(42), 언어학(34), 영어영문학(91), 일어일문학(42), 중어중문학(43), 사학(48), 한국사학(24), 심리학(43), 철학(43), 한문학(25)
서강대	EU문화계(56), 영미문화계(108), 동아시아문화계(56), 인문계(170)
서울대	인류지리학과군(44), 인문계열1(163), 인문계열2(115)
서울시립대	국어국문학(26), 영어영문학(36), 중국어문화학(25), 국사학(26), 철학(26)
성균관대	인문과학계열(540)
연세대(서울)	국어국문학(47), 노어노문학(31), 독어독문학(31), 불어불문학(34), 영어영문학(77), 중어중문학(33), 문헌정보학(31), 문화인류학(14), 사학(47), 신학(49), 심리학(39), 철학(36)
이화여대	기독교학(20), 인문과학(433)
중앙대(서울)	국어국문학(45), 영어영문학(109), 문헌정보학(33), 역사학(33), 심리학(45), 아시아문화학(96), 유럽문화학(96), 철학(33)
한국외대(서울)	네덜란드어(30), 노어과(45), 독일어(85), 베트남어(30), 프랑스어(85), 말레이 · 인도네시아어과(30), 몽골어(20), 스칸디나비아어(30), 스페인어(85), 아랍어(45), 영문학(70), 영어통번역학(60), 영어학(70), 이란어(30), 이탈리아어(30), 인도어(30), 일본학(85), 중국학(110), 터키 · 아르바이잔어(30), 포르투갈(브라질)어(30)
한양대(서울)	국어국문학(32), 독어독문학(20), 영어영문학(58), 중어중문학(46), 사학(25), 철학(20)

인문학계열의 대표적인 직업

1. 기자

기자는 독자가 이해하기 쉽고 편견이 담기지 않은 기사를 쓰는 글쓰기 능력과 사회현상을 정확히 이해하고 객관적으로 분석하는 능력이 있어야 한다. 불규칙한 생활을 자주 하므로 체력이 뒷받침되어야 하며 적극적인 사고방식과 정의감, 공정성 등이 요구되고, 다양한 계층의 사람들과 효과적으로 의사 교환을 할 수 있어야 한다.

정부 조사에 의하면 기자 및 논설위원의 종사자 수는 22,455명이다. 성비는 남성 68.7%, 여성 31.3%이며, 평균 연령은 38.4세이다. 이 중 대학을 졸업한 사람은 72.7%, 석사 이상이 8.8%이며 전체적으로 평균 15.7년의 학력을 보유하고 있다.

기자가 되기 위해서는 각 신문, 방송, 잡지사에서 실시하는 시험에 합격해야 한다.

2. 번역가

번역가는 높은 어학 수준, 문장력, 표현력이 있어야 하며, 외국어에 대한 흥미와 함께 외국문화와 정서에 대한 관심과 전문 영역에 대한 기초 지식이 있어야 한다. 또한 완성도 높은 양질의 번역을 위해서 꼼꼼한 성격과 끈기, 인내심이 필요하다.

정부 조사에 의하면 번역가로 종사하고 있는 사람은 11,207명이다. 성비는 남성 26.4%, 여성 73.6%이며, 평균 연령은 36세이다. 이 중 대학을 졸업한 사람은 79.2%, 석사 이상이 13.9%이며 전체적으로 평균 16.2년의 학력을 보유하고 있다.

번역가가 되려면 번역 작업을 알선하는 에이전시의 회원으로 가입하여 업무를 맡거나 개인적인 인맥을 통해 번역을 의뢰받는다. 번역가는 대부분 프리랜서로 활동하는데, 특별한 경우에는 번역 의뢰를 한 고객의 회사에 일정기간 머물면서 번역 작업을 하기도 한다. 대기업, 공공기관 등에서는 서류전형, 면접, 필기시험 등을 통해 번역 업무 담당자를 채용하기도 한다.

3. 출판편집자

출판편집자는 편집에 대한 일정 기간의 업무 경력과 윤문 및 교열 작업에 대한 기본적 지식이 필요하다. 업무에서는 원고의 아주 작은 부분까지도 주의 깊게 살펴 교정 업무를 수행할 수 있는 꼼꼼함과 성실함이 요구된다. 작가에 대한 세심한 관찰과 통찰을 통해 작가의 관심사가 무엇인지 그리고 그 작가가 말하고자 하는 바를 가장 잘 표현할 수 있는 책의 편집 방향이 무엇인지를 구상할 수 있는 능력이 요구된다.

정부 조사에 의하면 출판편집자가 포함된 출판물 전문가의 종사자 수는 15,301명이다. 성비는 남성 42.2%, 여성 57.8%이며, 평균연령은 38.3세이다. 이 중 대학을 졸업한 사람은 66.9%, 석사 졸업이 17.8%이며 전체적으로 평균 15.9년의 학력을 보유하고 있다.

공채나 특채를 통해 출판사, 언론사, 잡지사 등에서 경험을 쌓은 후 프리랜서로 활동하는 경우가 많다.

교육계열에는 어떤 학과가 있고, 어떤 진로로 나아갈까?

선생님이 되고 싶은 학생들이 진학해야 하는 대학과 학과는 장래 근무하고 싶은 학교의 종류에 따라서 다르다. 유치원 교사는 유아교육과, 초등학교 교사는 초등교육과, 중·고등학교 교사는 주로 사범대학에 진학해서 교사자격증을 받아야 한다. 초등교육과는 주로 교육대학에 있고 이화여대와 한국교원대학교에도 초등교육과가 있다.

교사자격증을 받기 위해서는 별도의 자격시험을 보는 것은 아니고 정해진 교육과정을 수료하면 교사자격증이 나온다. 교사자격증을 받은 후 국·공립학교의 교사가 되기 위해서는 임용고사를 치르고 선발이 되어야 한다. 사립학교는 자체적으로 교사를 선발하기 때문에 학교마다 방식이 다르다.

중등학교(중학교와 고등학교) 교사자격증을 받기 위해 반드시 사범대학에 진학해야 하는 것은 아니다. 교직과정이 개설되어 있는 일반학과에 진학해서 2학년부터 진행되는 교직과정을 이수하면 교사자격증을 받을 수 있다. 하지만 교직과정은 정원이 정해져 있어서 원한다고 해서 모든 학생에게 기회가 주어지는 것은 아니다. 대학교 1학년 때의 성적을 기준으로 상위 20% 정도의 학생에게만 교직과정 이수가 허용되기 때문에 성적이 좋지 않으면 아예 교직과정을 시도조차 하지 못할 수 있다.

중등학교 교사는 과목에 따라서 인문계열과 자연계열로 구별된다. 초등교육과, 유아교육과, 특수교육과는 일반적으로 인문계열로 분류되지만 대학에 따라서 자연계열 학생들도 지원이 가능하다.

학과명에 특정한 과목이 붙어 있지 않은 교육학과, 교육공학과는 상담교사나 연구직으로 진출하지만 부전공으로 다른 과목을 이수하여 교사자격증을 받는다.

교육계열에 진학하고자 하는 학생들의 최종 목표는 학교 선생님이 되는 것이니 교육대학이나 사범대학의 학생 선발 방식을 잘 살펴보고 준비해야 한다. 최근 교육대학은 입학사정관전형으로 학생을 선발하기 때문에 단순히 공부만 열심히 하고 교과목 성적만 우수해서는 합격이 어려울 수 있다. 자신의 진로를 위한 다양한 활동이 필요하다.

대학	인문계열 교육계열 모집단위 (총 1,168명)
고려대(서울)	교육학(44), 국어교육(42), 역사교육(30), 영어교육(53), 지리교육(35)
서울대	교육학(12), 국어교육(25), 사회교육계열(54), 외국어교육계열(영어, 독어, 불어 전공 - 55), 윤리교육(18)
성균관대	교육학(36), 컴퓨터교육(인문 - 10), 한문교육(42)
연세대(서울)	교육학(54)
이화여대	교육공학(36), 교육학(30), 국어교육(30), 사회교육(84), 영어교육(42), 유아교육(32), 초등교육(40), 특수교육(38)
중앙대(서울)	교육학(31), 영어교육(51), 유아교육(31)
한국외대(서울)	한국어교육(30), 독일어교육(25), 영어교육(40), 프랑스어교육(25)
한양대(서울)	교육공학(20), 교육학(22), 국어교육(25), 영어교육(26)

대학	자연계열 교육계열 모집단위 (총 437명)
고려대(서울)	가정교육과(35), 수학교육과(36), 컴퓨터교육과(30)
서울대	과학교육계열(84), 수학교육과(26)
성균관대	수학교육과(37), 컴퓨터교육(자연 – 32)
이화여대	과학교육과(104), 수학교육과(32)
한양대(서울)	수학교육과(21)

공학계열에는 어떤 학과가 있고, 어떤 진로로 나아갈까?

공학계열은 다양한 학과들로 구성되어 있다. 예전부터 산업의 가장 중요한 분야로 생각했던 전자, 전기, 기계, 화학, 건축, 토목 등의 학과들은 여전히 많은 인원을 선발하는 주력 학과다. 최근에는 기존 학과들이 좀 더 세분화되는 경향을 보인다. 예를 들면 자동차와 관련된 내용을 배울 때 예전에는 기계공학과를 주로 진학했지만 최근 한양대에 미래자동차공학과가 생기는 등 자동차에 관해서 좀 더 세밀하게 배우는 학과가 생겼다.

따라서 공학계열을 지원하는 학생들은 자신이 하고 싶은 일이 무엇인지 명확하게 생각하고 좀 더 세밀하게 자신의 진로를 정해서 준비하는 것이 좋다. 그리고 자신이 지원하게 되는 학과에서 어떤 내용을 배우고 졸업한 후에 어떤 직업으로 나갈 수 있는지 알아보는 것도 필요하다.

대학	공학계열 모집단위 (총 7,558명)
경희대(서울)	정보디스플레이학(60)
고려대(서울)	건축사회환경공학(91), 건축학(40), 기계공학(133), 사이버국방학(30), 산업경영공학부(52), 생명공학부(105), 식품공학부(44), 신소재공학부(129), 전기전자전파공학부(173), 컴퓨터통신공학부(100), 화공생명공학과(79), 환경생태공학부(67)
서강대	기계공학계(95), 전자공학계(112), 컴퓨터공학계(113), 화공생명공학(112)
서울대	건설환경공학부(56), 건축학전공(27), 공학계열(건축공, 산업공, 에너지자원공, 원자핵공, 조선해양공 전공 - 161), 기계항공공학(152), 농생명공학계열(80), 재료공학(88), 전기공학(157), 컴퓨터공학(55), 화학생물공학(88)
서울시립대	건축공학전공(40), 건축학전공(40), 공간정보공학(30), 교통공학과(25), 기계정보공학(40), 도시공학(30), 신소재공학(40), 전자전기컴퓨터공학(150), 조경학(30), 컴퓨터과학(60), 토목공학(40), 화학공학(50), 환경공학(75)
성균관대	건축학(5년제-61), 공학계열(813), 반도체시스템공학(93), 소프트웨어학(30), 전자전기컴퓨터공학계열(358)
연세대(서울)	건축공학(80), 기계공학(130), 도시공학(37), 사회환경시스템공학(80), 생명공학(57), 시스템생물학(40), 신소재공학(110), 전기전자공학(200), 정보산업공학(40), 컴퓨터과학(70), 화공생명공학(91)
이화여대	건축학부(55), 컴퓨터전자공학(131), 환경식품공학(82)
중앙대(서울)	건축공학(43), 건축학(44), 기계공학(153), 사회기반시스템공학(113), 융합공학(71), 전자전기공학(222), 컴퓨터공학(100), 화학신소재공학(78)
한양대(서울)	건설환경공학(56), 건축공학(49), 건축학(41), 건축학(인문 - 8), 기계공학(154), 도시공학(44), 미래자동차공학(39), 산업공학(46), 소프트웨어전공(30), 신소재공학(106), 에너지공학(28), 원자력공학(41), 유기나노공학(35), 융합전자공학(119), 자원환경공학(33), 전기생체공학(85), 정보시스템학(43), 컴퓨터전공(89), 화공생명공학(89),

공학계열의 대표적인 직업

1. 비파괴검사원

비파괴검사원은 방사선이나 초음파 등을 이용하여 재료, 구조물, 산업설비 등의 성질과 결함 여부를 검사하고 평가하는 일을 담당한다. 물리 및 비파괴검사와 관련된 제반 공학적 지식을 가지고 있어야 하며, 비파괴검사 결과를 해석하고 이해할 수 있는 수리능력과 분석능력이 요구된다. 비파괴검사 결과를 왜곡 없이 객관적으로 처리할 수 있는 도덕성과 직업윤리의식도 요구되고, 현장을 직접 찾아다니면서 비파괴검사 등을 실시해야 하므로 신체적으로 건강해야 한다.

정부 조사에 의하면 비파괴검사원의 종사자 수는 총 7,245명이고, 평균 연령은 33.8세이다. 이 중 고등학교를 졸업한 사람은 45%, 대학교 졸업이 29.1%이며 전체적으로 평균 13.8년의 학력을 보유하고 있다.

공채나 특채 등을 통해 비파괴검사 전문 업체나 중공업, 중화학, 도시가스, 금속, 기계, 건설, 지역난방, 발전, 수도, 압력용기 관련업체 등에 채용될 수 있다.

2. 항공교통관제사

항공교통관제사는 항공기의 안전한 이·착륙을 돕기 위하여 비행기조종사에게 기상, 풍속 등의 정보를 제공하고 항공교통을 지휘한다. 고도의 집중력과 판단력이 필요하며 기상이변 등 상황에 대한 대처능력과 외국어 구사 능력을 갖추어야 한다. 작은 실수가 사람들의 생명과 직결된 항공 사고로 연결될 수 있기 때문에 책임감이 필요하고, 항공통신장비 및 각종 첨단 장비를 사용하므로 기계 장비에 대한 흥미도 있어야 한다.

정부 조사에 의하면 항공교통관제사로 종사하고 있는 사람의 수는 2,791명이고, 평균 연령은 42.4세이다. 이 중 대학을 졸업한 사람은 61.6%, 석사 이상이 8.2%이며 전체적으로 평균 14.5년의 학력을 보유하고 있다.

항공교통관제사가 되기 위해서는 교통안전공단에서 시행하는 항공교통관제사 자격증이 있어야 한다. 응시자격은 만 21세 이상이어야 하며, 건설교통부 지정 전문교육기관에서 항공교통관제에 필요한 과정을 이수한 자, 자격이 있는 자의 지휘 · 감독 하에서 혹은 민간항공에 사용되는 군의 관제시설에서 일정기간 이상의 관제 실무경력이 있는 자, 전문대학 이상의 교육기관에서 항공교통관제사에 필요한 과정을 2년 이상 이수하고 일정기간 이상의 관제 실무경력이 있는 사람에게 응시자격이 주어진다.

3. 정보보호전문가

정보보호전문가는 정보 보안정책을 수립하고, 시스템에 대한 접근 및 운영을 통제하며, 침입자가 발생했을 때에는 신속히 탐지 · 대응해 정보자산을 보호한다. 정보보호전문가는 해커들의 최신 크래킹 기법에 대해 알아야 하고 컴퓨터 바이러스에 대한 분석적 사고 능력이 필요하며, 각종 프로그램 언어, 네트워크와 운영 체제, 데이터베이스 등 컴퓨터 시스템 전반에 걸친 해박한 지식이 요구된다. 정보보호에 대한 지식은 물론 경제와 산업에 대한 거시적 안목과 책임감, 도덕성이 필요하다.

정부 조사에 의하면 정보보호전문가를 포함한 컴퓨터 보안전문가의 종사자 수는 6,451명으로 성비는 남성 93.8%, 여성 6.2%, 평균 연령은 33.9세다. 이 중 대학교 졸업이 53.6%, 석사 이상 졸업한 사람이 26.4%이며, 전체적으로 평균 16.2년의 학력을 보유하고 있다.

자연과학계열에는 어떤 학과가 있고, 어떤 진로로 나아갈까?

자연계열의 대표는 자연과학계열이다. 물리, 화학, 생명과학, 지구과학 등의 학과가 여기 속하고, 조경, 산림에 관련된 학과들이 속한 대학도 있다. 치·의학전문대학원이 활성화되었을 시기에는 자연과학계열이 상당히 인기 있는 계열이었지만 치·의학전문대학원이 점차 줄어가는 시점에서는 인기가 예전만 못하다. 하지만 약학과를 진학할 때 가장 유리한 화학과는 인기가 유지되고 있다.

특히 자연과학계열의 학과를 졸업하면 학부로 끝내지 않고 대학원을 진학하여 좀 더 다양한 분야의 깊은 연구를 하는 경우가 많다.

대학	자연과학계열 모집 단위 (총 2,659명)
경희대(서울)	물리학(50), 생물학(60), 수학(50), 지리학(55), 화학(55)
고려대(서울)	물리학(45), 생명과학부(95), 수학(45), 지구환경과학(35), 화학(45)
서강대	Art&Technology(30), 자연과학부(235)
서울대	물리천문학부(54), 바이오시스템조경학계열(74), 생명과학부(58), 수리과학부통계학과군(59), 식물생산산림과학부군(102), 지구환경과학(36), 화학(43)
서울시립대	물리학(30), 생명과학(40), 수학(40), 통계학(30), 환경원예학(30)
성균관대	자연과학계열(372)
연세대(서울)	대기과학(29), 물리학(35), 생화학(37), 수학(39), 지구환경시스템과학(33), 천문우주학(29), 화학(52)
이화여대	분자생명과학부(131), 수리물리과학부(124)
중앙대(서울)	물리학(41), 생명과학(58), 수학(40), 화학(42)
한양대(서울)	자연과학부(201)

자연과학계열의 대표적인 직업

1. 변리사

변리사는 개인이나 기업의 의뢰에 의하여 새로운 기술에 대한 발명이나 디자인, 상표 등의 특허권 취득을 위한 법률적, 기술적인 상담과 지원을 한다. 변리사는 문서를 통해서 의뢰인의 권리를 보호할 수 있는 논리적인 사고력과 문서작성능력이 요구된다. 법률, 생물, 화학, 첨단과학기술에 대한 지식과 외국어 능력도 필요하다. 특허에 관한 절차는 까다롭고 정해진 기일 내에 업무를 완료해야 하기에 책임감과 성실함이 필요하며 치밀하고 꼼꼼한 성격의 사람에게 유리하다.

정부 조사에 의하면 변리사의 수는 1,883명, 성비는 남성 81%, 여성 19%, 평균 연령은 41.4세이다. 이 중 대학을 졸업한 사람은 82.8%, 석사 졸업이 17.2%이며 전체적으로 평균 16.2년의 학력을 보유하고 있다.

변리사가 되기 위해서는 특허청에서 실시하는 변리사 시험에 합격하거나 변호사법에 의해 변호사 자격을 가진 사람이 변리사로 등록하면 된다. 변리사 시험에 합격하면 대부분 특허법률사무소에서 활동하며 이밖에 기업의 특허관련 전담부서, 종합법률사무소의 지식재산권파트 등으로 진출한다. 또한 일정 이상의 업무경험을 쌓아 개인변리사 사무실을 직접 운영하기도 하며 특허청 심사관으로 특별채용되기도 한다.

2. 일기예보관

일기예보관은 위성사진 등 각종 기상관측 자료를 분석하고 이를 바탕으로 일기예보 및 기상현상에 대한 각종 주의보와 경보 및 기상전망을 발표하는 업무를 담당한다. 새로운 것에 대한 탐구정신과 호기심, 창의성, 관찰력을 가지고 있어야 하며 천문학, 지구대기학, 기상학에 대한 지식은 물론 수학과 물리학적 지식이 요구된다. 기상관측에 사용되는 첨단장비를 원활하게 운용하고 활용할 수 있는 능력이 필요하다. 일기예보관은 관측 결과를 바탕으로 일기도를 작성하고 많은 사람들에게 예보하는 일을 담당하므로 명확하고, 논리적인 의사소통력 및 표현능력이 요구된다.

정부 조사에 의하면 일기예보관이 포함된 자연과학 연구원의 종사자 수는 14,605명이다. 성비는 남성 76.3%, 여성 23.7%이며, 평균 연령은 36.2세이다. 이 중 대학교를 졸업한 사람은 20.7%, 석사 졸업 이상이 75.3%이며 전체적으로 평균 18년의 학력을 보유하고 있다.

공채나 특채를 통해 기상청, 기상연구소 등의 연구기관이나 방송국의 일기예보 담당자 및 담당부서로 진출할 수 있다.

3. GIS전문가

GIS(Geographic Information System)전문가는 국토공간상에 존재하는 각종 위치 및 속성 등을 정보화하여 활용하는 것으로 첨단정보시스템에 대한 전반적인 업무를 수행한다. GIS전문가는 지표, 지상, 지하에 존재하는 자연물과 인공물에 대한 분석력, 창의력, 판단력이 필요하며, 거시적인 안목에서 지리적 정보에 대한 예측능력이 필요하다. 정확하고 세밀한 성격의 소유자에게 유리하며, 여러 명씩 일하는 경우가 많으므로 협동심, 원만한 대인관계가 필요하다.

정부 조사에 의하면 GIS전문가를 포함한 측량 및 지리정보 전문가의 종사자 수는 17,169명으로 평균 연령은 38.1세이다. 이 중 전문대를 졸업한 사람이 14.6%, 대학을 졸업한 사람이 42%이며 전체적으로 평균 14.2년의 학력을 보유하고 있다.

GIS전문가가 되기 위해서는 대학 및 대학원에서 대기과학과, 대기환경학과, 지질학과, 지구환경과학과, 지질과학과, 지질환경과학과, 지구시스템과학과 등을 졸업하면 유리하다. 관련 국가자격증으로 응용지질기사, 지질 및 지반기술사 등이 있다.

의약계열에는 어떤 학과가 있고, 어떤 진로로 나아갈까?

많은 학생들이 진학하고 싶어 하는 계열이 의약계열이다. 대부분의 학과에서 자격증을 받을 수 있는 전문직으로 진출한다. 치·의학전문대학원이 만들어지면서 한동안 학부에서 모집하는 인원이 줄었지만 최근에는 의학전문대학원이 사라지는 추세이기 때문에 학부에서 선발하는 인원이 다시 늘어나고 있다.

2014학년도에 대학에 입학하는 학생들의 경우는 학부 인원이 늘어나지 않은 가운데 의학전문대학원의 인원은 급격히 감소하기 때문에 의사가 되는 과정에서 보면 가장 불리하다. 2015학년도에는 의예과 모집인원이 700명 가량 증가하므로 상당히 유리한 조건에서 지원이 가능하다.

| 의예과, 치의예과 모집인원 변화 |

입학년도	의예과	의학전문대학원	치의예과	치의학전문대학원
2014	1,538	1,687	232	530
2015	2,255	1,242	414	500
2017	2,533	218	432	240
2019	2,840	218	510	240

한의예과는 최근 한의원이 포화 상태에 이르자 지원하는 학생의 수준이 다소 낮아진 상태다. 그동안 1년에 750명 정도의 모집인원이 계속 유지되면서 배출되는 한의사들이 너무 많았다는 의견이다. 따라서 한의사가 되고 싶은 학생들은 졸업 후의 진로에 대해서도 충분히 생각하는 것이 바람직하다.

과거에 이 분야로 분류되던 약학과는 교육과정이 변경되면서 입학 시에는 모집하지 않고 학부에서 2학년까지 수료하고 난 후 시험을 봐서 약학과에 입학한다. 약학과를 가고 싶다면 학부에서는 화학이나 생물에 관련된 학과에서 공부를 하는 것이 유리하다. 약학과를 지원하는 데 가장 중요한 시험이 PEET인데 이 시험에서 주로 화학, 생물에 관련된 내용이 출제되기 때문이다. 하지만 원칙적으로는 자연계열의 학과에 꼭 입학해야 하는 것은 아니다. 약학과를 지원하기 위해서는 학부 2학년까지 수학, 물리, 화학, 생물 등에서 꼭 배워야 할 조건이 필요하기 때문에 자연계열의 학과들이 유리하다는 것이다.

STUDY MATE

| 2+4 제도의 도입 |

양질의 약사 양성을 위해 2006년 고등교육법 시행령 개정에 따라 2009년부터 약학 대학의 학제가 기존 4년제에서 6년제(2+4체제)로 변경되었다. 2+4 제도란 약학을 전공하려는 학생들은 기본적으로 다른 대학이나 학과 등에서 2년 동안 기초 소양교육을 이수한 뒤, 정해진 약학입문자격시험(PEET)과 대학별로 요구하는 지원 자격을 통과한 사람에 한해서 약학대학 본과 1학년에 입학하여 4년의 전공 교육 및 실무교육과정을 이수하는 교육 시스템을 말한다.

| 약학입문자격시험(PEET, Phamacy Education Eligibility Test) |

PEET는 약사 또는 약학연구자로서의 적성과 소질을 검사하는 성격의 시험으로 약학교육을 위한 기본적인 수학능력을 측정할 수 있는 입문자격시험이다. 각 과목별로 시험을 보는데 일반화학, 유기화학, 물리, 생물의 순으로 시험을 보게 된다.

구분	문항수	시험시간	비중
생물추론	30문항	90분	32%
일반화학추론	25문항	75분	26%
유기화학추론	20문항	60분	21%
물리추론	20문항	60분	21%

의약 계열에는 그 외에도 수의예과, 간호학과, 물리치료, 임상병리, 방사선과 등 다양한 학과들이 있다. 이러한 학과들은 전문적인 자격증이 필요한 학과들이고 졸업하면 좋은 조건으로 취업을 하거나 자신의 일을 할 수 있기 때문에 인기가 높다. 간호학과의 경우는 인문계열과 자연계열을 분할해서 모집하기도 하지만 대부분의 의약계열은 자연계열에서 모집한다.

대학	모집 단위
경희대(서울)	간호학(85), 약과학(35), 한약학(40), 한의예(자연 - 78/인문 - 30)
고려대(서울)	간호대학(60), 물리치료학(40), 방사선학(40), 생체의공학(36), 의학(53), 임상병리학(40), 치기공학(40), 환경보건학(40)
서울대	간호대학(63), 수의예(63), 의예(67)
성균관대	의예(21)
연세대(서울)	간호학(자연 - 36/인문 - 37), 의예(36), 치의예(30)
이화여대	간호학(78)
중앙대(서울)	간호학(자연 - 132/인문 - 131), 의학(43)
한양대(서울)	간호학(자연 - 28/인문 - 13), 의예(55)

생활과학계열에는 어떤 학과가 있고, 어떤 진로로 나아갈까?

생활과학계열에 해당하는 학과들도 인문계열과 자연계열 모두 지원이 가능하다. 주로 주거, 의류, 아동, 식품에 관련된 학과들이다. 대학에 따라서 자연계열과 인문계열을 구별해서 모집하는 경우도 있고, 계열을 구별하지 않고 선발하는 경우도 있기 때문에 자신이 지원하고자 하는 대학에서 어떤 계열로 선발하는지 확실하게 구별하는 것이 중요하다. 자연계열로 선발하는 경우는 수학의 반영 비율이 높고, 인문계열로 선발하는 경우는 수학에 대한 반영이 적은 것이 일반적이다.

대학	생활과학계열 모집단위 (총 702명)
경희대(서울)	아동가족학(35), 의상학(40), 주거환경학(35), 식품영양학(40)
고려대(서울)	식품영양학(40)
서울대	소비자아동학(47), 식품영양학(30), 의류학(30)
성균관대	의상학(40)
연세대(서울)	아동가족학(28), 생활디자인(27), 식품영양학(27), 의류환경학(28), 주거환경학(27)
이화여대	의류학과(55), 보건관리학(31), 식품영양학(50)
한양대(서울)	생활과학부(92) – 의류학과, 식품영양학과, 실내건축디자인학과

생활과학계열의 대표적인 직업

1. 영양사

영양사는 음식과 건강에 대한 전문적인 지식이 필요하며 조리법이나 음식메뉴를 개발할 때 분석적 사고 능력이 요구된다. 함께 근무하는 조리사 및 기타 종사자들과 원활한 의사소통이 가능해야 하며, 식단 및 소요 경비를 계획하거나 식품의 영양적 요건을 계산해야 하므로 꼼꼼함이 요구된다. 리더십, 정직성, 꼼꼼함 등의 성격을 가진 사람들에게 유리하다.

　정부 조사에 의하면 영양사의 종사자 수는 31,072명이고 성비는 남성 4.6%, 여성 95.4%, 평균 연령은 32.9세이다. 이 중 전문대학을 졸업한 사람은 28.1%, 대학 졸업이 59.3%이며 평균 15.5년의 학력을 보유하고 있다.

　영양사가 되기 위해서는 전문대학이나 대학교에서 식품학 또는 영양학을 전공하여 국가자격시험에 합격해야 한다. 산업체, 학교, 병원, 사회복지시설, 영유아보육시설 등의 집단급식소와 급식전문업체, 보건소 등에 대부분 취직한다. 건강기능식품판매사, 건강증진센터, 체중관리센터에서 영양에 관한 상담업무를 담당하기도 하며 교육 및 연구기관에 종사하기도 한다.

2. 패션디자이너

　패션디자이너는 창의성과 색채감각, 조형미, 미적 감각, 유행 감각 등을 갖추고 있어야 한다. 디자인, 의복에 대한 지식뿐 아니라 사회학, 심리학에 대한 기본 지식이 필요하다. 함께 작업하는 경우가 많기 때문에 협동하는 마음자세가 필요하며 강한 체력과 인내심 등이 요구된다. 적응성, 혁신, 인내심 등의 성격을 가진 사람들에게 유리하다.

　정부 조사에 의하면 패션디자이너로 활동하고 있는 종사자 수는 37,124명이고, 성비는 남성 23.3%, 여성 76.7%, 평균 연령은 32세이다. 이 중 대학을 졸업한 사람은 60.8%, 전문대 졸업이 23.9%이며 전체적으로 평균 14.9년의 학력을 보유하고 있다.

전문대학 및 대학교에서 의상디자인, 패션디자인, 의류(의상)학 등을 전공하면 유리하다. 관련학과의 교육과정에 복식사, 의복재료론, 의상심리학, 코디네이션기법 등의 이론과 의상디자인에 대한 실기가 포함되어 있다. 또한 마케팅, 머천다이징과 관련한 교과목이 포함되어 상품으로서의 의상을 팔기 위한 전략도 배우게 된다.

패션디자이너는 주로 의류회사, 섬유회사, 개인의상실 등으로 진출하며 자신이 직접 의상실을 경영하기도 한다. 채용은 보통 공개채용이나 교육기관 및 교수에 의한 추천 등을 통해 이루어진다.

3. 인테리어디자이너

인테리어디자이너는 창의적인 사고와 미적 감각, 색채 감각, 공간 지각력, 사물에 대한 관찰력이 있어야 한다. 초과근무를 할 때도 많기 때문에 강한 체력이 요구되며, 팀을 조직하고 관리할 수 있는 리더십이 필요하다. 여러 분야의 전문가들과 공동 작업하고 의견조율을 해야 하기 때문에 원활한 인간관계를 유지할 수 있어야 한다.

정부 조사에 의하면 인테리어디자이너로 종사하는 사람은 29,101명이고, 성비는 남성 56.8%, 여성 43.2%, 평균 연령은 33.9세이다. 이 중 대학을 졸업한 사람은 58.4%, 전문대 졸업이 26.6%이며 평균 15.1년의 학력을 보유하고 있다.

인테리어 전문회사를 비롯해 실내건축공사 전문업체, 건설회사나 건축설계사무소의 인테리어디자인 부서 등으로 진출한다.

4. 상담전문가(청소년상담가)

상담전문가는 성격, 적성, 지능, 진로 및 신체적 · 정서적 증상 등에 대해서 어려움을 겪고 있거나 변화를 모색하는 개인에게 심리검사, 상담 프로그램 등을 활용하여 문제 해결을 돕고 지원한다. 성격, 적성, 진로 등에 대해 상담을 요청하는 개인(내담자)과 대화를 통해 문제를 파악하고 진단한다. 표준화된 다양한 심리검사를 실시하고, 상담을 통해 내담자의 내면을 심층적으로 탐색하여 그 결과를 분석한다.

문제 및 원인 파악을 위해 분석적이고 종합적인 사고력이 필요하며 타인에 대한 포용력과 집중력, 통찰력이 요구된다. 인간의 심리 및 성격에 대한 전문지식과 감정이입 및 의사소통 기술이 있어야 하고, 힘들고 난처한 상황도 발생하기 때문에 이에 대한 대처능력도 요구되며, 자신의 감정과 행동을 통제할 수 있는 인내심과 성실성을 갖추어야 한다.

정부 조사에 의하면 상담전문가 및 청소년 지도사의 종사자 수는 9,462명, 성비는 남성 38.9%, 여성 61.1%, 평균 연령은 40.1세이다. 이 중 대학을 졸업한 사람은 51.5%, 석사 이상 졸업한 사람이 27.8%이며 평균 15.9년의 학력을 보유하고 있다.

공채나 개인적 인맥을 통해 청소년상담기관, 중 · 고등학교 및 대학교의 상담실, 사회복지기관, 공공기관의 상담실, 기업체 및 사설상담소에 들어가거나 개업을 통해 상담전문가로 활동할 수 있다.

자신의 꿈을 이룬 수험생

　고등학교에 입학하는 대부분의 학생들이 가고 싶은 대학과 학과를 정하지 못하고 그냥 막연하게 공부를 하다가 막상 고3이 되고 입학원서를 쓸 때쯤이 되어야 자신의 점수에 맞춰서 대학과 학과를 정하는 경우가 많다.

　필자는 오랫동안 학원에서 학생들을 지도하면서 자신의 꿈을 위해 많은 시간을 투자해서 결국 자신이 원하는 대학의 학과에 진학하고야 마는 학생들을 많이 지켜봤다. 대학에 입학한 선배들의 예라 고1 학생들의 입장에서는 먼 미래의 일처럼 느낄 수도 있지만, 앞으로 3년이라는 시간동안 어떤 마음으로 공부를 해야 할지에 대한 사례로 생각하고 참고하면 좋을 것이다.

● 한국항공대 항공운항과 12학번 이은지

　은지를 처음 만난 것은 2009년이다. 부산 삼성고등학교를 졸업하고 인천에서 재수를 시작한 은지는 처음부터 담임을 했던 학생은 아니다. 필자는 자연계열 중에서 수리 '나' 형을 선택한 학생들의 반 담임을 하고 있었고, 은지는 수리 '가' 형을 선택한 학생들의 반에서 공부를 시작했다. 다만 필자가 가르치는 지구과학 수업을 듣고 있었기 때문에 어떤 학생인지 알고는 있었다.

6월 평가원 모의고사를 본 후에 학원 평가분석실의 팀장으로서 은 지와 진로에 대한 상담을 하게 되었다. 은지는 언어와 수리영역의 성적은 좋은 편이었다. 다만 외국어영역의 성적은 고등학교 때부터 매우 낮은 편이었다. 고3 때 수능에서 언어 1등급, 수리 '가' 3등급, 외국어 5등급, 물리I 2등급, 물리II 3등급의 성적을 받았다. 은지는 '항공운항과'에 진학을 하고 싶어 했다. '파일럿'이 장래희망이었다.

상담을 진행하면서 이해할 수 없는 부분은 수리 '가' 형의 선택이었다. 당시 '항공운항과'가 있는 대학은 '한국항공대학교'와 충남 서산에 있는 '한서대학교'였다. 그런데 두 대학의 '항공운항과'는 모두 수리 '나' 형도 교차지원이 가능했다. 특히 한국항공대의 항공운항과는 수리 '가' 형 가산점도 없는 상태였기 때문에 수리 '가' 형을 선택하는 것은 여러 가지로 불리했다.

아직 수능 제도에 밝지 못한 고1 학생들을 위해 부연설명하자면 수리 '가' 형은 주로 자연계열 학생들이 선택하기 때문에 수학을 잘하는 학생들이 많고, 응시하는 인원도 적기 때문에 백분위가 좋게 나오기 힘들다. 그래서 상대평가인 수능에서는 조금만 실수해도 성적이 좋지 않게 나오게 된다. 또한 공부해야 할 분량도 수리 '나' 형에 비하면 많은 편이기 때문에 외국어영역 성적을 올리는 것이 급선무인 은 지가 수리 '가' 형을 공부하는 것은 매우 잘못된 선택이었다. 본인에게 수리 '가' 형을 선택하는 것이 왜 문제가 있는지 충분히 설명을 하고 반을 옮길 것을 권했다.

2010학년도 수능에 응시한 결과는 언어 2등급(백분위 93), 수리 '나'형 1등급(백분위 100), 외국어 5등급(백분위 56), 물리I 2등급(백분위 93), 지학I 3등급(백분위 85)이었다.

한국항공대 항공운항과는 반영 영역이 수리, 외국어, 탐구 두 과목이었기 때문에 은지의 성적으로는 지원할 수 없었다. 외국어영역의 성적이 너무 나빴다. 하지만 한서대는 언어, 수리, 외국어영역 중 2개 영역을 선택할 수 있었고, 탐구영역도 한 과목만 반영을 하기 때문에 가능성이 있어 보였다.

하지만 의외로 한서대도 불합격하였다. 수능 성적은 충분히 합격권이라고 생각했지만 학생부 성적이 워낙 좋지 않았다. 당시 한서대에는 '수능 100% 전형'이 없었다. 불합격 통보를 받고 우리는 많이 실망했다.

항공운항과가 아니면 그다지 가고 싶은 학과가 없었기 때문에 결국 다시 한 번 도전하기로 했다. 외국어영역의 성적이 다소 낮기는 하지만 다른 영역의 성적이 높은 편이기 때문에 공부를 잘하는 학생들이 모여 있는 반에서 공부를 했다. 수리영역은 워낙 잘하는 편이어서 1년 동안 외국어영역의 성적을 올리기 위해서 노력을 많이 했다.

다만 3년째 수능 준비를 하다 보니 아무래도 집중력이 떨어지는 모습을 보였다. 워낙 사람을 좋아하는 성격이라 같은 반 학생들과도 잘 어울리고 중간 중간 공부에 집중하지 못하는 모습을 보였다. 결국 2011학년도 수능에서는 2010학년도 수능보다도 성적이 좋지 않았다. 다만 외국어영역의 성적이 5등급에서 4등급으로 올랐다는 변화를 보였다. 수리영역 성적은 좀 떨어졌다. 이전 해보다 더 어정쩡한 성적이 되면서 한서대나 한국항공대 모두 불합격하는 일이 벌어지고 말았다.

보통 2년 동안 수능 준비를 한 후에도 만족스러운 결과를 얻지 못하면 대부분의 학생들이 포기하고 적당히 점수에 맞춰서 대학을 가는 경우가 많은데, 은지는 워낙 항공운항과 진학, 미래의 파일럿이라는 뚜렷한 목표가 있었기 때문에 다시 한 번 도전하기로 결정했다.

세 번째 도전이 시작되었다. 어쩌면 무모하다는 생각이 들 정도의 힘든 시간이 다시 흘러갔다. 외국어영역에서 어느 정도의 성과를 거두었기 때문에 자신감을 갖게 된 것도 도전에 힘을 실어주었다.

2012학년도 수능은 은지에게는 행운의 시험이었다. 항상 난이도가 높은 편이었던 외국어영역의 난이도가 갑자기 쉬워졌다. 워낙 많은 시험을 겪으면서 쌓아온 내공 덕인지 외국어영역이 1등급에서 조금 모자란 '백분위 94'로 2등급이 되었다. 수리영역은 만점을 받았다. 언어영역도 2등급이었다. 과학탐구도 두 과목 모두 상위권의 성적을 받았다.

거기에 한서대의 정시모집 '다' 군이 수능 100%로 바뀌었다. 한국항공대의 경우도 '다' 군 모집이 수능 100%였기 때문에 고민을 하게 되었다. 아무래도 한국항공대의 수준이 더 높다고 판단해 '다' 군은 한서대를 지원하고 '가' 군도 한서대에 지원했다. 다만 '가' 군은 학생부를 반영하는 전형이었다. 나머지 '나' 군은 한국항공대에 지원했다.

준비를 열심히 하고 수능을 잘 본 덕에 지원한 모든 전형에 합격하였다. 어느 곳에 등록해야 할지 고민할 정도로 행복한 시간을 보냈다. 3년 동안의 힘든 공부 과정을 옆에서 지켜보았기 때문에 내 일처럼 기뻤다. 결국 수도권에 있는 한국항공대에 등록하고 은지는 기쁜 마음으로 대학 생활을 시작하였다.

은지는 자신이 가고 싶은 학과가 명확히 있었기 때문에 4년이라는 긴 수험 생활을 버텨낼 수 있었다. 현재 고등학교 1학년이 되는 학생들도 앞으로 3년이라는 시간 동안 공부해서 대학에 가게 될 것이다. 자신이 꼭 가고 싶은 대학과 학과가 있다면 이 기간이 결코 힘든 시간만은 아닐 것이다.

공부란 분명 즐거운 것만은 아니다. 시험을 보는 과정에서 자신이 원하는 성적이 나오지 않을 수도 있다. 그러면 실망과 좌절감이 점점 더 커질 것이다. 하지만 목표가 명확하다면 힘든 과정을 충분히 이겨낼 수 있을 것이라 믿는다.

● 국립 목포해양대학교 해사대학 12학번 김지현

　지현이를 만난 것은 2010년 6월이었다. 지현이는 대학을 다니다 우여곡절 끝에 다시 공부를 하게 되었다. 일명 반수를 하게 된 것이다. 담임으로서 공부하는 모습을 오랜 시간 지켜봤는데 정말 최선을 다해 공부한다는 생각이 절로 드는 학생이었다.

　지현이의 꿈은 해양대학교에 입학하는 것이었다. 그 꿈이 생긴 것은 고2 때 해양대 선배가 학교에 찾아와 해양대에 대해서 소개를 하면서부터다. 어려서부터 배의 구조와 배를 타는 것 등에 대해 많은 관심이 있었는데 해양대에 대해 알게 되면서 꼭 가고 싶은 대학이 되었다고 한다.

　하지만 고등학교를 다니는 동안에는 좀 막연한 생각으로 공부를 하다 보니 결국 자신이 원하는 성적이 나오지 않았다고 한다. 외국어영역 성적이 썩 좋지 않아 부산에 있는 한국해양대를 가기는 어려웠고, 목포해양대에 원서를 쓰게 되었다. 최종적으로 예비 1번까지 갔지만 추가합격에 실패하고 나군에서 합격한 수원대 컴퓨터공학과를 갔다.

　외국어영역 성적이 좋지 않았기 때문에 수도권에서도 그다지 좋은 결과를 내지는 못했다. 목표 대학이 있다면 그 대학의 전형에 맞춰 영역별로 공부하는 전략도 필요한데 외국어영역 성적을 올리는데 실패한 것이다.

　대학에 입학하기는 했지만 오랫동안 꿈꿔온 해양대에 대한 생각이 자꾸 머릿속에서 떠돌았고, 결국 부모님을 설득해서 6월이 다 되어서야 다시 공부를 시작하게 되었다. 이때 우리 학원에 들어와서 나를 만나게 된 것이다. 하지만 마음먹은 만큼 공부가 쉽지 않아서 결국 다시 실패를 하고 만다. 상위권 학생이 아닌데 너무 짧은 기간 준비하다 보니 결과가 좋지 않았던 것이다. 공부의 수준을 올리는 것은 어느 정도의 시간과 노력이 반드시 필요하다.

해양대 진학에 실패한 후 겨울 동안 아르바이트해서 돈을 모으고, 자신이 모은 돈으로 다시 공부를 시작하겠다고 부모님을 설득해서 2011년에는 3월부터 본격적으로 공부를 하기 시작했다. 여전히 영어가 약점이었지만 2012학년도 수능에서는 영어가 쉽게 출제되면서 2등급이라는 좋은 결과가 나와 결국 해양대 합격에 전액 장학생이라는 멋진 결과를 만들어냈다.

지현이는 적당히 점수 맞춰서 입학한 학교에 계속 다닐 수도 있었다. 하지만 자신이 꿈꿔온 길이 있었기에 고3부터 3년씩이나 힘든 입시 과정을 견뎌낼 수 있었던 것이다. 지현이는 대학에 입학한 후 해양대의 멋진 제복을 입고 찾아와 인사를 했다. 누구든 자신의 꿈과 목표를 위해 노력한다면 좋은 결과가 기다린다는 것을 다시 한 번 일깨워준 학생이다.

3
선행학습은 어느 정도 해야 할까

　　　　　　많은 중학생들이 고등학교 과정을
선행학습한다. 특히 특목고를 준비하는 경우 대부분의 과목을 선행
학습해야 하는 것으로 착각하고 중학교 교과목도 완벽하게 정리하지
못한 상황에서 고등학교 공부를 하는 경우가 많다.

　우리나라 교육과정은 나선형이기 때문에 기초적인 내용은 초등학
교에서 대부분 배운다. 그 내용을 바탕으로 하여 중학교, 고등학교로
진학할수록 심화되는 구성으로 되어 있다. 거의 모든 과목이 이런 시
스템으로 구성되어 있기 때문에 특별한 경우가 아니라면 학년을 앞
서는 선행학습은 큰 의미가 없다.

　사교육 기관에서는 학생들을 유치하기 위해 선행학습에 초점을
맞추어 광고와 상담을 진행한다. 추가적인 비용을 내면서 학원을 다
니고 과외를 받는데 아무래도 또래 학생들과는 다른 무언가 색다른

공부를 해야 폼이 나지 않겠는가.

그러다 보면 학교에서 배우는 내용과 학원에서 배우는 내용이 서로 다르기 때문에 학습량이 많아진다. 결국 깊이 있는 공부를 하지 못하고 교과 내용을 겉핥기식으로 넘어가게 된다.

비평준화 지역에서는 고등학교에 진학할 때 선발고사를 본다. 때문에 중학교 때 배운 내용을 전체적으로 다시 공부하게 된다. 하지만 대도시의 평준화 지역에서는 중학교 교과 전체를 테스트하지는 않기 때문에 중1이나 중2 때 배운 내용을 다시 확인할 기회가 없다.

중학교에서 배운 내용을 반복학습하지 않고 진도만 나가는 경우 배운 내용을 제대로 기억하지 못하는 학생이 많다. 예를 들면 어떤 학생은 초등학교 고학년 때부터 고등학생들이 보는 《수학의 정석》을 공부했다. 하지만 고등학교를 졸업할 당시에 수학 성적이 좋지 않아 결국 재수를 했다.

고등학교에 가면 중학교 때 배운 내용이 다시 필요하기 때문에 중학교 때 배운 내용을 정확하게 이해하고 기억하려는 노력이 필요하다. 그렇지 않으면 중학교 때 배운 내용을 공부하면서 고등학교에서 추가된 내용을 더 공부해야 하기 때문에 학습량이 너무 많아지고, 학습에 어려움을 겪게 된다.

우리는 무엇이든 많이 배우면 그것을 모두 기억할 것이라고 생각하지만 이는 사실과 다르다. 사람의 두뇌가 장기기억을 만들기 위해서는 주기적으로 반복을 해야 한다. 따라서 자신의 학습 능력을 초과하는 선행학습은 단순히 배웠다는 의미만 있을 뿐, 막상 고등학교에 진학했을 때 별 도움이 되지 못하는 경우가 많다.

필자가 가르치는 지구과학도 초등학교나 중학교에서 배운 내용이 고등학교 교육과정에 반복해서 등장한다. 하지만 어떤 학생들은 중학교에서 배운 내용을 기억하지 못하고 고등학교에서 처음 배우는 내용처럼 공부한다. 이런 경우에는 선행학습보다 중학교 교육과정을 충분히 복습하는 처방이 필요하다.

중3 겨울방학 때는 특히 고등학교 과정을 미리 공부할 생각을 하지 말고 중1 때부터 배운 내용을 전체적으로 다시 공부하는 것이 가장 좋은 공부법이라는 것을 잊지 않도록 하자.

| 과학 교육과정에서 지구와 달의 운동에 관련된 내용 구성 |

초등학교 5~6학년

① 낮과 밤을 지구의 자전으로 설명할 수 있다.

② 하루 동안 달과 별의 위치가 달라지는 것을 지구의 자전으로 설명할 수 있다.

③ 계절에 따라 별자리가 달라지는 것을 지구의 공전으로 설명할 수 있다.

④ 여러 날 동안 관찰한 달의 모양이 달라지는 것을 달의 공전으로 설명할 수 있다.

중학교 1~3학년

① 지구와 달의 모양과 크기를 알고 자전과 공전으로 인해 나타나
는 현상을 이해한다.

② 달의 모양 변화와 일상생활을 연관하여 이해한다.

고1 과학

① 지구와 달의 공전과 자전 및 일 · 월식 현상을 설명할 수 있다.

지구과학I

① 지구의 운동에 의하여 천체들이 일주운동과 연주운동을 함을 설
명할 수 있다.

② 달과 태양, 지구의 상대적인 위치로 달의 위상을 설명할 수 있다.

③ 일식과 월식이 일어나는 원리를 이해하고 이때 관측할 수 있는
현상을 설명할 수 있다.

④ 달의 위상이 같더라도 달의 적경과 적위에 따라 달의 남중고도
와 관측 가능한 시각이 달라짐을 설명할 수 있다.

위에서 본 과학 교과의 일부 예시뿐 아니라 거의 모든 교과가 초등
학교부터 시작되어 내용이 점점 어려워지게 구성되어 있다. 따라서
자신의 실력이 부족한 과목이라고 생각된다면 현재 나이에 맞는 교
과 내용으로 어렵게 공부하지 말고 과감하게 자신에게 맞는 수준으
로 돌아가서 공부하는 것이 필요하다.

4
다양한 경험과
인간관계가 필요하다

중학생 시절, 특목고를 준비하는 상위권 학생들의 경우가 아니라면 고등학교 입시에 대해서 크게 부담감을 갖지 않는다. 따라서 중3은 다양한 경험을 할 수 있는 마지막 시기다.

초등학교를 다닐 때 학생들은 다양한 활동을 한다. 부모들과 여행도 많이 다니고 독서량도 상당히 많다. 아무래도 교과와 성적에 대한 부담이 없기 때문에 직·간접적인 경험을 많이 하게 된다. 하지만 중학생이 되면 교과목에 대한 학습 부담 때문에 초등학교 때 하던 많은 활동을 정리하게 된다.

필자의 아이들은 초등학교에서 스카우트와 아람단 활동을 활발하게 했다. 두 아이 모두 6학년이 되면서 학교 스카우트와 아람단 대장을 맡았다. 그런데 중학교에 진학하고 보니 학교 자체에 스카우트와 청소년 연맹 활동이 없었다. 결국 지역대 활동을 하면서 스카우트 활동을 계속했다. 방학 때는 잼버리 대회에 참석하여 4박 5일간의 야영 활동도 체험했다. 학교에 스카우트 조직이 구성되지 않는 이유는 학생들이 많이 참여하지 않기 때문이라고 했다.

또 한 가지, 큰 아이는 초등학교 4학년부터 10명 정도의 친구들로 농구팀을 구성하여 클럽활동을 했다. 봄, 가을에는 지역 대회에 참가하고, 방학 때는 캠프 형식의 전지훈련도 했다. 부모들도 매우 적극적으로 참여했다. 초등학교 6학년 때의 지역 대회에는 40여 개 팀이 참여했다. 지역 대회였지만 3개의 체육관으로 나누어서 예선을 진행하는 등 열기가 뜨거웠다.

하지만 중1이 되자 대회에 참여하는 팀의 수는 절반으로 줄었고, 중3이 되자 실제 대회에 참여하는 팀의 수는 10개 미만으로 줄었다. 중학생이 되면 아무래도 학교 수업 시간이 많고 학원 등 사교육 때문에 농구를 할 수 있는 시간이 줄어들기 때문이라고 한다. 사실 1주일에 2시간 정도 운동을 하기 때문에 그렇게 많은 시간을 할애하는 것도 아니지만 실제 활동이 매우 저조했다. 고등학교에 진학하면서 결국 농구팀은 해체되었다.

고등학교 입시에서는 특목고를 지원하더라도 대학입시만큼 다양한 활동을 요구하지는 않는다. 그러다 보니 중학교 시절 다양한 경험을 하지 않는다. 하지만 최근의 대학입시에서는 학생들에게 다양한 비교과 영역의 활동을 요구한다. 학습량이 중학교 때보다 많지만 동아리활동, 봉사활동, 독서 등 다양한 비교과 활동이 필요하다.

중학교 때가 아무래도 고등학교 때보다 여러 가지 면에서 여유 있는 시간이 많다. 따라서 중학교 시절에 좀 더 다양한 경험을 할 수 있도록 해야 한다. 그 경험이 학습량이 많은 고등학교에 가서도 교과 활동과 함께 다양한 비교과 활동을 할 수 있는 능력을 기르게 한다.

직접적인 체험 활동도 중요하지만 독서활동을 많이 해야 한다. 대학입시에서 단일 전형으로는 비교적 많은 인원을 선발하는 것이 논술을 위주로 하는 일반전형이다. 최근의 논술 유형은 예전과 달리 학생들의 독해 능력을 측정하고자 하는 경향을 띤다.

독해 능력은 짧은 시간에 길러지지 않는다. 다양한 독서를 통해 자연스럽게 길러지는 것이다. 따라서 중학교에서는 다양한 분야의 책을 읽어야 한다. 특정 분야의 독서보다는 문학, 철학, 역사 등의 인문학 분야와 과학, 수학의 자연과학 책을 많이 접하는 활동이 필요하다. 막상 고등학교에 진학하면 자신의 진로 계열이 정해지면서 다양한 독서보다는 자신의 계열에 해당하는 독서만 하게 된다.

최근 인문학 분야가 강조되고 있다. 자연계열을 지원하는 학생이라고 해서 수학과 과학에 편중된 독서를 하는 것은 바람직하지 않다. 물론 인문계열을 지원하는 학생도 인문학에 관련된 독서만 하는 것은 창의성을 요구하는 논술에서 절대 좋은 결과를 얻기 어렵다. 그래서 중학교 시절에 좀 더 여유를 갖고 다양한 분야의 독서를 하자.

또 한 가지 강조하고 싶은 것은 인간관계다. 요즘 왕따와 학교 폭력이 사회적으로 문제가 되고 있다. 대부분의 학교 폭력 문제는 다양한 인간관계에서 시작된다. 선생님들과의 관계, 친구들과의 관계, 선후배 간의 관계 등 학교생활에는 다양한 인간관계가 얽혀 있다.

중학교는 대부분 자신이 살고 있는 인근의 초등학교 학생들이 진학한다. 따라서 같은 반 학생들이 초등학교부터 계속 같이 생활하기 때문에 어려서부터 같이 지내던 학생들이 많다. 이런 중학교에서도 다양한 인간관계를 유지하지 못한다면 고등학교에서는 무난한 인간관계를 유지하는 것이 어렵게 된다.

따라서 중학교 시절 학급활동에 적극적으로 참여하고, 동아리 활동도 수동적으로 하지 말고 능동적으로 참여해야 한다. 부모님들도 교과 활동에만 매달리지 말고 다양한 활동에 참여할 수 있도록 배려해서 학생들의 인간관계를 넓혀주는 지혜가 필요하다.

선생님들과의 관계도 중요하다. 가장 중요한 선생님은 역시 담임선생님이다. 대학입시에 선생님의 추천서가 필요한 경우가 있다. 아무래도 담임선생님께서 추천서를 써 주는 경우가 가장 많다. 한 반에 30명 이상의 학생이 있기 때문에 담임선생님이 모든 학생들에게 똑같은 관심을 갖기는 무리다. 결국 학생이 적극적으로 선생님께 자신을 알리는 노력이 필요하다.

교과 담당선생님들과의 관계도 중요하다. 교과 성적은 단순히 중간고사나 기말고사의 성적만으로 결정되는 것이 아니다. 수행평가나 수업 태도 점수가 들어가기 때문에 자신의 반에 들어오는 교과 담당선생님과 친밀한 인간관계를 형성하는 것은 매우 중요하다.

선생님들과의 관계를 좋게 만드는 데 가장 필요한 것은 역시 올바른 수업 태도다. 많은 학생들이 학원이나 과외와 같은 사교육을 받다 보니 학교 수업을 소홀히 생각하는 경우가 많다. 특히 자신의 성향과 맞지 않는 선생님의 과목이나 주요 과목이 아닌 수업 시간에 태도가 좋지 않아 문제가 되는 경우가 종종 발생한다.

수업 태도는 학습을 위해서도 중요하지만 교과 담당선생님과의 인간관계에서도 매우 중요하다. 중학교에서 이런 습관을 갖추어야만 고등학교에 진학해서도 계속 좋은 태도를 유지할 수 있게 된다.

최근 입학사정관전형에서 요구하는 교사 추천서를 작성하는 과정에서 선생님들이 학생에 대해 제대로 알지 못하기 때문에, 또는 과도한 업무 때문에 선생님들이 추천서 작성을 꺼리는 경우가 많다고 한다. 선생님과 좋은 관계를 유지하는 것은 무엇보다 중요하다. 특히 고1 때부터 자신을 잘 파악해줄 선생님을 찾을 수 있다면 가장 좋다.

대학입시에 대해
정확하게 알자

필자는 재수 학원에서 20년 가까이 대학입시에 관한 일을 하면서 대학입시에 실패한 학생들과 오랜 시간을 같이 했다. 그중에서 1년이 채 안 되는 기간 동안 열심히 노력해서 최종적으로 자신이 원하는 대학에 진학하는 학생들을 많이 보아왔다. 필자는 노력의 힘을 항상 가까이에서 지켜보았기에 누구보다 더 노력의 힘을 믿고 있었고, 그러다 보니 아들이 고등학교에 입학했지만 대학입시에 대해서 조금 여유 있게 생각하고 있었다. 그래서 아들이 고1을 마칠 때까지 특별히 공부에 대해서 긴박감을 갖지 않고 지냈다. 아들도 공부에 크게 신경 쓰는 모습이 아니었다.

하지만 2012학년도 입시 결과를 보면서 대학입시에 큰 변화가 나타나고 있다는 것을 체험하였다. 이제 고등학교에 올라가는 딸은 좀 더 일찍 대학입시에 대해서 생각해야겠다는 마음을 먹게 되었다.

이번 장에서는 대학입시 시스템에 대해 중점적으로 알아보자.

1
대학입시에서 중요한 것은
점수가 아닌 등수

　　　　　　　　대학입시에서 중요하게 반영되는
전형 자료는 수능 성적과 학생부 교과 성적이다. 점수가 표시되는 전
형 자료이기 때문에 매우 중요하게 사용된다. 그런데 이 두 가지 전
형 자료의 성적 표기는 모두 상대평가다.

　수능 성적표에는 표준점수, 백분위, 등급이 표기된다. 우리가 시
험을 보고 나서 채점을 통해 알게 되는 원점수는 성적표에 표시되지
않는다. 따라서 수능 시험을 본 후에 몇 점을 받았는지 채점하는 것
은 별 의미가 없다. 그래서 수능 시험 후에는 가채점을 한 후 여러 평
가기관에서 예측하는 등급 커트라인 점수로 관심이 쏠린다.

　학생부 교과 성적에는 과목별 원점수가 표기되지만 대학에서 반
영하는 점수는 표준점수나 등급이기 때문에 학교에서 시험을 쉽게
출제해 원점수가 높더라도 별 의미가 없다.

특별한 학과가 아닌 이상 대부분 대학의 서열이 매겨져 있는 것이 어쩔 수 없는 현실이다. 서울대, 연세대, 고려대를 가리키는 'SKY', 서강대, 성균관대, 한양대, 이화여대를 가리키는 '서성한이', 중앙대, 경희대, 한국외대, 서울시립대를 가리키는 '중경외시', 그리고 건국대, 동국대, 홍익대, 숙명여대를 가리키는 '건동홍숙'이라는 서열이 학생들 사이에서는 서울 시내에 있는 상위권 15개 대학이다. 여기에 경기권의 인하대, 아주대까지가 학생들에게 상위권 대학으로 알려져 있다.

| 상위권 대학 정원 합계 |

대학	모집인원(명)	대학	모집인원(명)
서울대	3,350	한국외대(서울)	1,809
연세대	3,780	서울시립대	1,862
고려대	4,086	건국대	3,350
서강대	1,802	동국대	2,928
성균관대	3,774	홍익대	2,691
한양대(서울)	3,164	숙명여대	2,435
이화여대	3,199	인하대	3,809
중앙대(서울)	3,209	아주대	2,111
경희대(서울)	2,563	합계	49,922

2013학년도 대학교육협의회 발표 자료, 서울캠퍼스의 모집인원을 표시

상위권에 해당하는 대학의 정원이 약 5만 명 정도다. 전국의 수험생이 60만 명 정도로 추산되는 현재, 전국에서 상위 8% 정도의 성적을 내면 상위권 대학 입학이 가능하다. 그런데 지방에도 의예과, 치의예과, 한의예과, 수의예과 그리고 교육대, 사범대 등의 인기 학과들이 있기 때문에 그쪽으로 지원하는 인원들을 감안하면, 수도권의 상위권 대학은 전국 10% 정도의 석차만 되면 합격이 가능하다. 대략 수능 2등급 이내에 해당하는 성적이다.

아무리 높은 원점수를 받는다고 하더라도 전국 석차가 높아지면 의미가 없다. 따라서 대학입시에서는 원점수 몇 점을 받았느냐는 큰 의미가 없다는 것을 깨달아야 한다. 고등학교에서 전국 모의고사를 보면 원점수보다는 백분위 점수를 확인하는 습관이 필요하다.

대학입시는 수능 성적만으로 결정되는 것이 아니라 다양한 전형 요소들이 있다. 그래서 수능이라는 전국 단위의 시험을 기준으로 두고 자신에게 유리한 전형을 찾을 필요가 있다. 즉 학생부 교과 성적이나 비교과 등의 다양한 전형 요소를 비교해서 '수시모집'에 집중해야 할지, 수능 성적의 비중이 큰 '정시모집'에 집중해야 할지를 판단해야 한다.

2

다양한 전형의 수시모집,
수능이 절대적인 정시모집

대학입시는 전형 시기에 따라 수시모집과 정시모집으로 나눌 수 있다. 수시모집은 보통 9월초에 원서접수를 하고 대학별고사(논술, 면접, 적성평가 등)가 9월말부터 12월초까지 진행된다. 일반적으로 수능을 기준으로 수능 전에 진행되는 1차와 수능 이후에 진행되는 2차로 나뉜다. 수시모집 합격자 발표는 10월부터 시작해 수능 성적이 발표된 후 마무리된다. 그러고 나면 수시모집의 합격자 등록이 진행되고 정시모집이 시작된다.

정시모집은 12월말에 원서접수를 시작해서 주로 다음 해 1월에 전형이 진행된다. 정시모집에서는 대학별고사나 실기고사를 기준으로 해서 가군, 나군, 다군으로 나뉘어 전형이 진행된다. 2월초까지 합격자 발표가 마무리되고, 합격자 등록이 시작되어 2월 20일경에 모든 대학입시 일정이 마무리된다.

모집시기구분		기 간	합 격 자 발 표	등 록 기 간
수시모집		〈원서접수〉 1차:2012.8.16(목)~9.11(월) 2차:2012.11.12(월)~11.16(금)	2012.12.8(토)까지 • 미등록 충원 합격 통보 마감 : 2012.12.18 (화) 21:00시까지	2012.12.12(수)~14(금) (3일) • 미등록 충원등록 마 감 : 2012.12.19(수)까지
정시모집	원서 접수	1) 가, 나, 가나군 : 2012.12.21(금)~26(수)(6일간) 2) 다, 가다, 나다, 가나다군 : 2012.12.22(토)~27(목)(6일간)		
	가 군	〈전형기간〉 2013.1.2(수)~2013.1.15 (화)(14일간)	• 2012.2.4(월)까지	• 정시등록기간 : 2013.2.5(화)~8(금) (4일간)
	나 군	2013.1.16(수)~25(금)(10 일간)	• 미등록 충원 합격 통 보마감 : 2013.2.20(수)	
	다 군	2013.1.26(토)~2.4(월)(10 일간)	21:00시까지	• 미등록 충원 등록 : 2013.2.21(목)까지

정시모집 이후에도 '추가모집'이 2월말까지 진행되지만 이 시기에 추가모집을 하는 대학은 대부분 하위권 대학이기 때문에 실제로 자신이 원하는 대학은 2월 20일경이면 마무리된다.

수시모집은 본격적으로 실시된 2002학년도에 전체 모집인원의 약 30%를 선발한 것을 시작으로 인원수가 점점 증가하고 있다. 이제는 전체 모집인원의 2/3에 가까운 인원을 수시모집에서 선발하고 있다.

| 연도별 모집인원의 변화 |

학년도	합계	수시모집	정시모집
2013	375,695	236,349 (63%)	139,346 (37%)
2012	382,773	237,640 (62%)	145,133 (38%)
2011	379,215	231,035 (61%)	148,180 (39%)
2010	378,141	219,024 (58%)	159,117 (42%)
2009	378,477	214,481 (57%)	163,996 (43%)
2008	378,268	200,878 (53%)	177,390 (47%)
2007	377,458	194,437 (52%)	183,021 (48%)
2006	389,584	188,213 (48%)	201,371 (52%)
2005	394,379	174,979 (45%)	219,400 (55%)
2004	404,936	155,941 (39%)	248,995 (61%)
2003	384,026	112,667 (31%)	271,359 (69%)
2002	373,884	107,821 (29%)	266,063 (71%)

수시모집은 과거 교과 성적이라는 한 가지 잣대로 학생을 선발하던 대학입시 전형을 탈피해 학생들의 다양한 특성에 주목하도록 바꾼 제도다. 수시모집과 정시모집은 전형시기의 차이로도 구별하지만 학생들을 선발하는 전형요소에도 큰 차이를 보인다.

수시모집은 크게 일반전형과 특별전형으로 구분되고, 각 전형별로 반영하는 전형요소들도 매우 다양하다. 최근 대학들이 전형 종류를 줄이려는 노력을 하고 있지만 그래도 정시모집에 비하면 다양한 전형들이 있다.

수시모집에서 가장 많은 인원을 선발하는 일반전형은 대부분 논술, 학생부 교과성적, 면접, 적성평가를 반영한다. 일반전형은 특별한 지원 자격이 없다.

특별전형에는 어학(영어, 중국어, 일본어 등) 성적이나, 수학과 과학 성적을 중요하게 생각하는 전형이 있다. 주로 특목고인 외국어고, 과학고, 국제고 등의 학생들에게 유리한 전형이라 할 수 있다. 그리고 리더십이나 봉사활동 등 특별한 자격을 요구하는 전형도 있고, 국가유공자 자손, 경찰, 군인, 소방관 등 부모님께서 국가에 봉사하는 활동을 하시는 분들의 자녀, 그리고 가정 형편이 매우 어려워서 다른 학생들보다 어렵게 공부하는 학생들을 주로 선발하는 '기회균등전형'이라는 것도 있다

마지막으로 학생부에서 비교과를 주로 반영하는 '입학사정관전형'이 있다. 자신의 진로가 뚜렷해서 그 진로의 방향에서 탁월한 성과를 남기는 학생들이 응시하는 전형이다. 학교에서 진행되는 경시대회, 토론대회, 독서활동, 봉사활동, 동아리활동 등의 다양한 활동이 근거 자료가 된다. 입학사정관들이 학교에 방문해서 학생, 선생님들을 면접한 후 최종적으로 선발하기 때문에 많은 노력이 필요한 전형이다.

입학사정관전형 중에는 교과 성적을 반영하는 경우가 있다. 이 경우에는 대부분 단계별 전형을 하는데 1단계에서 교과 성적으로 일정 배수의 학생을 선발하고 나서 비교과에 대한 성적을 반영하기 때문에 교과 성적이 매우 중요하다.

사실 진정한 입학사정관전형이라면 교과 성적이 중요하게 작용하

면 안 된다. 현재 행해지고 있는 교과 성적을 중요시 여기는 전형은 진정한 입학사정관전형이라 하기에는 다소 무리가 있다. 하지만 실제로 각 대학에서 입학사정관전형에 교과 성적을 1차 관문으로 사용하고 있기에 학생들은 교과 성적도 소홀히 해서는 안 될 것이다.

| 교과 성적이 반영되는 주요 대학의 입학사정관전형(2013학년도) |

대학	전형	모집 인원	선발 방법	수능 최저기준
서울대	지역균형선발	752	서류평가 + 면접 ⇒ 학교별 2명 제한	○
연세대	학교생활 우수자	550	1단계 : 학생부 교과 성적 ⇒ 3배수 선발 2단계 : 서류평가 ⇒ 우선선발 50% 3단계 : 서류평가(50%) + 면접(50%)	○
고려대	학교장추천	670	1단계 : 서류(100) ⇒ 학교별 4명 제한 2단계 : 서류(60%) + 면접(40%)	○
서강대	학교생활 우수자	157	1단계 : 학생부 교과(75%) + 서류(25%) ⇒ 2~4배수 선발 2단계 : 1단계 성적(80%) + 구술면접(20%)	×
성균관대	성균인재	374	일반선발 : 서류(60%) + 교과(40%)	○
이화여대	지역우수인재	200	우선선발 : 학생부 교과(80%) + 서류(20%) ⇒ 30% 선발 1단계 : 학생부 교과(75%) + 서류(25%) ⇒ 3배 수 선발 2단계 : 교과(60%) + 서류(20%) + 면접(20%)	×
한양대	학업우수자	260	1단계 : 학생부 교과(100%) ⇒ 일정배수 선발 2단계 : 비교과(100%) ⇒ 의예과 제외	○

정시모집에도 특별전형이 있는 경우가 있지만 일반전형이 대부분이다. 논술이나 면접을 보는 일부 대학을 제외하면 학생부와 수능이 중요한 전형요소다. 하지만 상위권 대학들을 중심으로 학생부의 영향력을 많이 줄이고 있기 때문에 가장 중요한 전형요소는 역시 수능이다. 하위권으로 갈수록 학생부의 영향력이 높아지지만 많은 학생들이 목표로 삼는 상위권 대학의 정시모집에서는 수능 성적이 절대적으로 중요하다.

| 정시모집에서 학생부 교과 성적 반영 등급별 환산점수 |

석차등급	1	2	3	4	5	6	7	8	9
연세대	100	99.75	99.5	99.25	99	98	96	93	88
고려대	450	449.9	449.7	449.5	449.2	448.8	446.8	433.8	423
성균관대	280	279.9	279.8	279.6	279.4	279.2	279	270	250
한양대	240	239.58	239.16	238.74	238.22	237.48	229.52	221.55	213.59
경희대	270	269	268	267	266	250	235	210	180

대학입시의 성공을
결정짓는 수능

대학입시에서 가장 중요한 전형 요소를 한 가지만 고르라고 한다면 아직까지는 수능이라 할 수 있다. 왜냐하면 수시모집에서 많은 대학이 수능 성적을 최저학력기준으로 적용하고 있고, 정시모집에서는 수능 성적이 절대적으로 당락을 좌우하고 있기 때문이다. 따라서 전체 모집인원 중에서 수능이 영향을 미치는 비율은 65% 이상이다.

수시모집 일반전형에서는 논술이 중요한 전형 자료다. 특히 상위권 대학 대부분의 일반전형에서는 논술과 학생부 교과 성적으로 신입생을 선발한다. 논술은 원서접수를 한 후에 보는 시험이기 때문에 많은 수험생들이 자신에게 유리할 것이란 생각을 갖고 지원한다. 대부분의 학생들은 자신이 학생부 성적은 조금 부족해도 논술을 매우 잘 봐서 충분히 부족한 점수를 만회할 수 있다는 기대감을 가지고 있

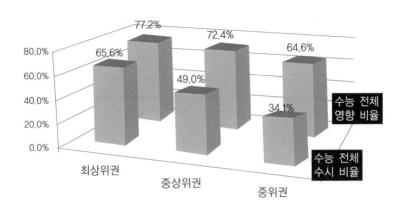

| 수준별 수능 시험의 영향력 |

다. 그래서 상위권 대학에 지원을 많이 하게 되어 경쟁률이 매우 높다. 그만큼 상위권 대학의 일반전형은 합격 확률이 매우 낮다.

2013학년도부터는 학생 1인당 수시모집 응시횟수가 6회 이내로 제한되기 때문에 수시모집 일반전형의 경쟁률은 예년에 비해 많이 낮아질 것으로 예상된다. 그렇지만 가군, 나군, 다군만 지원이 가능한 정시모집보다는 수시모집의 경쟁률은 여전히 높을 것이다.

수시모집은 학생들을 미리 선발하는 전형이기 때문에 수능과 별 상관이 없다고 생각해서는 안 된다. 수시모집 중에서 수능 성적을 기준으로 정한 전형은 수능 성적이 발표난 후에 성적이 기준을 통과한 학생들에 한해서 최종 합격자를 가린다.

최상위권 대학의 수시모집 일반전형에는 우선선발이라는 제도가 있다. 이 경우 특정 영역의 수능 성적이 1등급에 해당하는 학생들을

| 주요대학 일반전형 경쟁률(2012학년도) |

대학	모집인원	응시인원	경쟁률	대학	모집인원	응시인원	경쟁률
연세대	833	50,627	60.78 : 1	한양대	850	73,871	86.91 : 1
고려대	1,386	74,353	53.65 : 1	이화여대	560	20,936	37.39 : 1
서강대	560	39,720	70.93 : 1	중앙대	658	57,753	87.77 : 1
성균관대	1,093	71,667	65.57 : 1	경희대	700	44,136	63.05 : 1

우선적으로 50~70% 정도를 선발하고 나머지 학생들을 선발한다. 우선선발은 먼저 수능 성적이 기준을 넘는 학생들을 대상으로 논술 성적과 학생부 성적을 합해서 합격자를 선발한다. 그 후 우선선발에서 탈락한 학생들과 우선선발이 안 된 학생들 전체를 대상으로 나머지 인원을 선발한다.

최상위권 대학에서 제시하는 우선선발의 최저기준은 최소한 2~3개 영역에서 1등급 이내가 되어야 한다. 2012학년도 수능에서 영역별로 1등급인 인원은 언어 26,384명, 수리 '가' 6,953명, 수리 '나' 21,823명, 외국어 41,662명이었다. 그런데 각 대학에서 요구하는 2~3개 영역에서 동시에 1등급이 된 학생들은 생각보다 많지 않다.

따라서 우선선발에서 경쟁하는 학생들의 수는 의외로 적기 때문에 수능 성적이 우수한 학생들은 수시모집에서 우선선발에 합격할 확률이 매우 높다. 예를 들어 연세대의 경우 2012학년도에 833명 모집에 50,627명이 지원해서 전체 경쟁률은 60 : 1 정도였다. 우선선발에 해당하는 언어, 수리, 외국어영역에서 모두 1등급이 나온 학생

| 수시모집 일반전형에서 우선선발을 하는 대학 |

대학		우선선발	일반선발
연세대	모집인원	70% (538명)	30% (295명)
	자격기준	인문 : 언어, 수리, 외국어 모두 1등급 자연 : 수리 '가', 과탐 모두 1등급	인문 : 4개 영역 중 3개 영역 2등급 이내 자연 : 4개 영역 중 2개 영역 2등급 이내
	전형비율	학생부 30% + 논술 70%	학생부 50% + 논술 50%
고려대	모집인원	60% (831명)	40% (555명)
	자격기준	인문 : 언어 또는 외국어, 수리 1등급 자연 : 수리 '가' 1등급 나머지 3개 영역 중 1개 영역 1등급	2개 영역 이상 2등급 이내(단 자연계열은 수리 '가' 또는 과탐 필수)
	전형비율	학생부 20% + 논술 80%	학생부 50% + 논술 50%
서강대	모집인원	50% (280명)	50% (280명)
	자격기준	인문 : 언수외 백분위 합 288 이상 자연 : 수리 '가', 과탐 백분위 합 188 이상	인문 : 4개 영역 중 3개 영역 2등급 이내 자연 : 4개 영역 중 2개 영역 2등급 이내(수리 또는 과탐 포함)
	전형비율	학생부 30% + 논술 70%	학생부 50% + 논술 50%
성균관대	모집인원	50% (546명)	50% (547명)
	자격기준	인문 : 언수외 등급 합 4이내 자연 : 수리 '가', 과탐 등급 합 3 이내	인문 : 언수외 등급 합 6 이내 자연 : 4개 영역 중 3개 영역 등급 합 6 이내
	전형비율	학생부 30% + 논술 70%	학생부 50% + 논술 50%
한양대	모집인원	60% (510명)	40% (340명)
	자격기준	인문 : 4개 영역 등급 합 4 이내(언외 필수) 자연 : 4개 영역 등급 합 4 이내(수과 필수) 또는 수리, 과탐 모두 1등급	인문, 자연(일부 제외) : 4개 영역 중 2개 영역 2등급 이내 자연(수리 또는 과탐 포함)
	전형비율	학생부 30% + 논술 70%	학생부 50% + 논술 50%

중 연세대에 지원한 학생이 약 10,000명이라고 한다면 538명을 선발하는 우선선발은 대략 20 : 1의 경쟁률이 된다.

하지만 일반전형은 50,627명 중 우선선발에서 선발된 538명을 제외한 대략 50,000명 정도의 학생들이 300명 정도의 모집인원을 놓고 경쟁하기 때문에 150 : 1의 경쟁률이나 된다.

연세대에서도 점수대가 낮은 학과의 경우는 언어, 수리, 외국어 모두 1등급에 해당하는 학생이 우선선발하는 인원보다 적게 지원하기도 하기 때문에 일단 논술 성적이 부족해도 합격할 수 있다. 따라서 연세대는 언어, 수리, 외국어의 등급 합이 4등급이 되어도 우선선발을 할 수 있다는 조건을 적용하고 있다.

결국 수시모집에서도 일반전형인 경우에는 수능 성적이 높아야 합격할 확률이 높아진다. 특히 내신성적이 조금 나쁜 학생들은 더욱 수능성적을 높여서 수시모집에 지원할 필요가 있다.

4
대학입시의 핵심,
학생부 교과 성적

수시모집 중에는 학생부 교과 성적만으로 대학에 합격할 수 있는 방법이 있다. 물론 이 경우도 대부분 수능 최저학력기준이 있기 때문에 100% 학생부만으로 대학에 가는 것은 아니다. 또한 최상위권의 대학에서는 학생부 교과 성적으로만 학생을 선발하지 않는다. 앞에서 살펴본 것과 같이 최상위권 대학은 교과 성적으로 1단계를 통과한 학생에 한해 면접을 거쳐 2단계에서 최종 선발하는 경우가 대부분이다. 결국 학생부 교과 성적 100%만으로는 최상위권 대학을 가는 것은 어렵다.

2012학년도까지는 수시모집에 응시횟수 제한이 없었기 때문에 학생부 성적이 좋은 학생들이 꽤 많은 대학에 중복 지원을 했다. 실제로 통계를 내보면 수시모집 전형 중에서 복수합격이 가장 많은 전형이 학생부 100%로 선발하는 전형이었다.

2012학년도까지는 상위권 대학 합격자의 평균 등급이 1.3등급 이내로 매우 높은 편이었다. 중위권 대학의 경우에도 최소한 평균 2등급 이내인 경우가 대부분이었다.

하지만 2013학년도부터는 지원 횟수를 6회로 제한하고, 추가 합격인 경우에도 정시모집에 응시하지 못하는 제한 조건이 생기면서 학생부 성적이 좋은 학생들이 지원할 수 있는 대학이 제한된다. 따라서 학생부 교과 성적을 100% 반영하는 전형의 합격선은 과거와는 많은 변화가 예상되기 때문에 학생부 교과 성적이 꼭 1등급은 아니더라도 최선을 다해 관리할 필요가 있다.

학생부 교과 성적이 반영될 때 주의할 것은 모든 과목을 다 잘해야 하는 건 아니라는 점이다. 과거 학력고사 시절이나 수능 초기에는 전 과목의 성적이 대학입시에서 중요한 전형 요소였다. 현재 부모들의 세대에는 모든 과목을 골고루 잘해서 총점이 높은 것이 가장 중요했다.

하지만 요즘은 수능에서도 영역별 반영이 다양하고, 학생부도 모든 과목을 합해서 반영하지는 않는다. 대학의 학과별로 반영하는 과목이 다르기 때문에 자신의 진로에 맞춰 주력해야 하는 과목의 우선순위를 정해야 한다.

| 학생부 교과 성적 100%로 선발하는 수시모집 전형 |

대학	전형	모집인원	학생부 반영 방법
중앙대	학업우수자	312	인문 : 국어, 영어, 수학, 사회 교과의 전 과목 자연 : 유형1 – 국어, 영어, 수학, 과학 교과의 전 과목 유형2 – 수학, 과학 교과의 전 과목
한국외대	학업우수자	144	인문 : 국어, 영어, 수학, 사회 교과의 전 과목
경희대	교과우수자	300	인문 : 국어, 영어, 수학, 사회 교과의 전 과목 자연 : 국어, 영어, 수학, 과학 교과의 전 과목
서울 시립대	서울핵심인재	275	2학년, 3학년의 국어, 영어, 수학 교과의 전 과목
	유니버시안	88	1, 2, 3학년 영어, 수학 교과의 전 과목
건국대	학생부우수자	140	인문 : 국어, 영어, 수학, 사회 교과의 전 과목 자연 : 국어, 영어, 수학, 과학 교과의 전 과목
	수능우선학생부	410	
홍익대	수시2차 일반전형	665	인문 : 국어, 영어, 사회 교과의 전 과목 자연 : 수학, 영어, 과학 교과의 전 과목
동국대	수시3차 일반전형	349	인문 : 국어, 영어, 수학, 사회 교과의 전 과목 자연 : 국어, 영어, 수학, 과학 교과의 전 과목
국민대	교과성적우수자	763	인문 : 국어, 영어, 수학, 사회 교과의 전 과목 자연 : 국어, 영어, 수학, 과학 교과의 전 과목

인문사회계열의 학과를 지원하는 학생이라면 국어, 영어, 수학, 사회 교과의 성적이 중요하고, 자연계열의 학과를 지원하는 학생이라면 국어, 영어, 수학, 과학 교과의 성적이 중요하다. 특히 최근 상위권 대학에서 자연계열의 경우는 수학과 과학 성적만을 반영하는 경우도 나타나기 때문에 자연계열을 지원하고자 하는 학생들은 수학과 과학 과목에 최선을 다하는 전술이 필요하다.

정시모집에는 학생부 성적이 전혀 필요 없다고 착각하는 경우가 있다. 상위권 대학들은 정시모집에 학생부 반영 비율을 최소화시키는 방법을 다양하게 시도한다. 하지만 중하위권 대학에서는 학생부 반영이 의외로 큰 경우가 있기 때문에 학생부 교과 성적은 마지막까지 최선을 다해서 준비하는 것이 좋다. 어느 순간 학교 공부를 포기하고 수능에 전념하겠다는 생각을 한다면 나중에 정시모집에서 이런저런 제한 조건에 걸려 대학을 선택하는 것이 매우 곤란한 경우가 생긴다.

예를 들어 건국대의 경우 가군, 나군, 다군에서 분할모집을 하는데, 이 중 가군과 나군은 수능 100%로 선발한다. 하지만 다군에서는 학생부를 반영하는데 등급 간의 점수 차이가 최상위권의 대학들에 비하면 상당히 큰 편이다. 따라서 학생부 성적이 나쁜 학생들은 다군에서 건국대를 지원하는 것이 매우 부담스러워진다.

| 정시모집에서 학생부 교과 성적 반영-등급별 환산점수 |

석차등급	1	2	3	4	5	6	7	8	9
건국대(다군)	300	294.9	288.3	280.2	267.6	240	209.1	176.1	135
국민대(가군)	300	297	294	291	288	270	240	180	90
세종대(나군)	270	268	266	264	262	252	236	215	186
홍익대(가군)	180	166.25	142.5	118.75	95	71.25	47.5	23.75	0

5

상위권 대학 수시모집의 핵심은 논술

수시모집에서 가장 많은 인원을 선발하는 전형이 일반전형이다. 많은 상위권 대학이 일반전형에서 논술로 대다수의 인원을 선발하고 있다. 학생부의 비교과가 어느 정도 준비되지 않은 학생이라면 특별전형을 지원하는 것이 부담스럽기 때문에 결국은 일반전형을 지원하기 위해 논술을 준비해야 한다. 다만 중위권 대학은 상위권 대학에 비해 논술로 학생을 선발하는 비율이 높지 않다.

결국 상위권 대학에 지원할 수 있느냐를 결정하는 요소 중 중요한 것이 논술이다. 따라서 상위권 대학을 가고 싶은 생각을 갖고 있다면 고1부터 논술 준비를 철저하게 할 필요가 있다.

| 상위권 대학 중 논술 실시 대학(2012학년도) |

| 대학 | 모집인원 | | | 전형 방법 |
| | 수시 전체 | 일반전형 | | |
		인원	비율	
연세대	2,461	1,183	48.1%	우선(학생부30+논술70), 일반(학생부50+논술50), 글로벌리더(서류60+논술40)
고려대	2,616	1,386	53.0%	우선(학생부20+논술80), 일반(학생부50+논술50)
서강대	1,170	560	47.9%	우선(학생부30+논술70), 일반(학생부50+논술50)
성균관대	2,384	1,093	45.8%	우선(학생부30+논술70), 일반(학생부50+논술50)
한양대	1,975	850	43.0%	우선(학생부30+논술70), 일반(학생부50+논술50)
이화여대	1,898	560	29.5%	우선(학생부30+논술70), 일반(학생부50+논술50)
중앙대	2,277	658	28.9%	우선(학생부30+논술70), 일반(학생부50+논술50)
경희대	1,388	700	50.4%	우선(학생부40+논술60), 일반(학생부60+논술40)
한국외대	1,160	437	37.7%	우선(학생부30+논술70), 일반(학생부50+논술50)
서울시립대	803	252	31.4%	우선(학생부20+논술80), 일반(학생부50+논술50)
건국대	1,804	381	21.1%	학생부20+논술80
홍익대	1,616	565	35.0%	학생부40+논술60
동국대	1,630	350	21.5%	학생부30+논술70
숙명여대	1,377	400	29.0%	학생부40+논술60
인하대	1,993	1,022	51.3%	1차(학생부50+논술50), 2차(학생부30+논술70)
아주대	1,037	351	33.8%	학생부60+논술40

| 중위권 대학 중 논술 실시 대학(2012학년도) |

| 대학 | 모집인원 | | | 전형 방법 |
| | 수시 전체 | 일반전형 | | |
		인원	비율	
숭실대	1,402	505	36.0%	학생부40+논술60
국민대	1,586	362	22.8%	학생부30+논술70
광운대	975	255	26.1%	학생부30+논술70
성신여대	1,329	251	18.9%	학생부30+논술70
서울여대	1,058	247	23.3%	학생부50+논술50
가톨릭대	954	199	20.9%	학생부40+논술60
한국항공대	532	196	36.8%	학생부40+논술60
경기대	2,107	498	23.6%	학생부50+논술50
단국대(죽전)	1,346	306	22.7%	학생부50+논술50 - 1단계 교과성적 8배수 선발
상명대	700	191	27.3%	학생부50+논술50 - 1단계 교과성적 10배수 선발

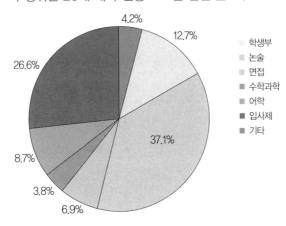

| 상위권 20개 대학 전형 요소별 인원 분포 |

학생부	논술	면접	수학과학	어학	입사제	기타
3,836	11,219	2,092	1,159	2,617	8,043	1,268

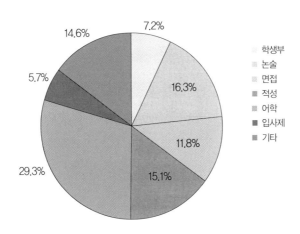

| 중위권 25개 대학 전형 요소별 인원 분포 |

학생부	논술	면접	적성	어학	입사제	기타
4,151	2,994	3,846	7,430	1,453	3,720	1,807

논술 준비 방법은 인문계열과 자연계열 학생들이 조금 다르게 접근해야 하고, 대학마다 출제 경향도 조금씩 다르다. 하지만 자신이 지원하고자 하는 대학의 기출문제를 꾸준히 살펴봐야 하는 것은 공통점이다.

인문계열은 언어영역의 지문 독해와 사회탐구 공부가 논술 준비에 어느 정도 도움을 줄 수 있다. 하지만 논리적인 글쓰기는 꾸준한 연습을 통해서만 완성될 수 있기 때문에 따로 논술 준비를 할 시간이 필요하다. 따라서 고1부터 학습 시간의 일부를 논술에 할애하고 기출문제를 활용해 꾸준히 연습해야 한다. 글쓰기는 암기과목과 달리 벼락치기로 실력이 금세 느는 것이 아니기 때문에 아주 적은 시간이라도 규칙적으로 꾸준히 연습하는 것이 중요하다. 또한 인문계열 논술은 자신이 쓴 글을 학교 선생님에게 첨삭을 받아 수정, 보완하는 것이 중요하며 필요에 따라 친구들이 쓴 글과 서로 비교해보고 장단점을 파악해 보는 연습을 해야 한다.

자연계는 기본적으로 교과과정의 수학과 과학 실력이 논술에 그대로 반영되는 만큼 교과수업과 수능 준비를 통해 기본적인 준비가 가능하다. 수시모집의 최저학력기준도 자연계열은 대부분이 수리영역과 과학탐구를 기준으로 하기 때문에 자연계열에서는 수학과 과학의 준비가 절대적이다. 그러나 문제의 난이도가 높은 편이고 객관식이 아니라 해결 과정까지 써야 하는 주관식 서술형 시험이므로 기출문제를 통한 답안 작성 연습이 병행되어야 한다.

실전 논술의 비결

말을 잘하기 위해서는 먼저 남의 말을 경청하는 것이 기본이듯이, 논술을 잘하기 위해서는 먼저 좋은 책과 글을 많이 접해보는 것이 기본이다.

여기서 기본은 쉬운 것이란 의미가 아니라 핵심이자 뼈대인 것, 군더더기가 없이 완전한 것이란 의미다. 모든 일에 기본이 중요하듯이 논술에 있어서도 기본이 중요하다. 운동에서도 기본기가 탄탄해야 실수 없이 언제 어디서나 제 실력을 충분히 발휘할 수 있듯이 논술도 기본기가 충실해야 어떤 어려운 주제와 제시문을 만나더라도 당황하지 않고 자신 있게 문제를 해결할 수 있다. 지금부터 논술의 기본이 무엇인지 함께 정리해 보자.

논술에서 좋은 점수를 받으려면 어떻게 해야 할까? 논술의 가장 중요한 평가기준은 '어떠한 주제에 대해서 그 사람이 얼마나 많이 알고 있으며, 자기 나름의 창의적인 해석을 하고 있고, 그것에 대한 논거를 설득력 있게 표현하고 있느냐?' 하는 것이다. 결국 논술을 잘 쓰려면 주제에 대한 배경지식, 이해력, 사고력, 표현력 등 종합적이고 균형 있는 국어실력이 필요하다.

일상에서 쉽게 찾을 수 있는 논술 성공 비결은 다음과 같다.

첫째, 사고력(생각하는 힘)을 향상시켜야 한다. 사고력에는 논리적 사고력과 관계적 사고력, 발산적(창의적) 사고력 등 세 가지가 있다. 우리가 세 가지 사고력을 모두 활용할 때가 있는데 바로 시험 성적, 교우관계, 거짓말, 실수, 싸움 등으로 밤새 고민할 때다. 자연스럽게 사고력을 향상시키고 싶다면 시련과 고통의 환경에 스스로를 노출시켜서 고민을 많이 해보기 바란다. 고민하는 동안 머릿속에서는 엄청난 일들이 벌어질 것이다.

둘째, 논리적 말하기와 글쓰기 비결인 'IBC와 PREP'를 활용한다. IBC(Introduction, Body, Conclusion)는 서론, 본론, 결론을 의미하며, 일반적으로 많이 알고 있는 방법이다. PREP(Point, Reason, Example, Point)는 핵심, 이유, 예시, 다시 한 번 강조를 의미한다. IBC와 PREP는 전 세계에서 공통적으로 사용하는 논리적 말하기와 글쓰기 비결이다. 앞으로 이 두 가지만 잘 활용해도 논리력을 향상시키는데 큰 도움이 될 것이다.

셋째, 글쓰기의 기초와 좋은 글의 요건을 알아야 한다. 글쓰기는 글감(쓸 거리) 찾기 → 중심생각 정하기 → 소재 선정하기 → 구성하기(글의 짜임) → 표현하기(실제 글쓰기) → 고쳐 쓰기(퇴고)의 순서가 일반적이다. 그리고 처음(서론), 중간(본론), 끝(결론)의 3단 구성이 좋으며, 총 4~5문단이 적당하다. 글을 쓰는 목적은 자신의 사상과 감정을 효과적으로 표현하고 전달하기 위함이다. 따라서 독창성, 충실성, 진실성과 성실성, 명료성, 정확성, 경제성, 정직성 등 좋은 글의 요건을 갖추는 것이 바람직하다.

넷째, 신문 사설과 주간지, 월간지 등 한 가지 사실에 대해 집중적으로 다룬 글을 많이 읽어야 한다. 신문이나 TV에서 큰 사건이 일어나면 그 사건의 원인과 결과, 역사적 배경, 앞으로의 전망 등 각 매체마다 나름의 근거로 쏟아내는 수많은 글들을 비교 분석해서 자신만의 지식으로 재생산하는 과정을 거쳐야 한다. 그러면 전체적이고 종합적으로 대상을 바라보는 안목과 혜안을 자연스럽게 가지게 될 것이다.

다섯째, 마인드맵을 적극 활용하면 좋다. 어떤 고민거리가 생기면 그것의 원인과 결과, 해결방법 등에 관해서 A4지가 너덜너덜해지고 종이가 뚫어질 때까지 쓰고 또 써보는 사람이 있는데, 이것이 바로 '마인드맵'의 한 방법이다. 어떤 경우에는 한 가지 주제에 대해 몇 달이 넘게 매일 고민하기도 하고, 하루 종일 방바닥에 엎드려 생각이 떠오르는 대로 가지치기를 해보기도 한다. 이런 과정에서 나름대로의 문제해결 프로세스를 갖게 되는 것이다. 처음에는 시간이 많이 걸리겠지만 반복하다 보면 쉽고 빠르게 해결책을 찾게 될 것이다.

여섯째, 시험 환경에 맞춰서 적응 훈련을 해야 한다. 시험은 시간적, 공간적 제한이 있다는 특성이 있다. 즉, 정해진 공간에서 제한

된 시간 내에 주어진 조건으로 문제를 풀어야 한다. 따라서 시험의 성패는 누가 시험과 비슷한 환경에서 연습과 훈련을 많이 했느냐가 좌우한다. 논술에서 좋은 성적을 거둔 사람들은 이 훈련을 따로 한다. 쉬는 시간이나 자투리 시간을 활용해서 시험지나 연습장에 빠른 속도로 글을 쓰되 시험 채점위원이 알아보기 쉬운 글씨체로 적는 연습을 하는 것이다. 공부만 열심히 하지 말고 시험 보는 연습도 꾸준히 해야 원하는 목표를 달성할 수 있다.

한 장 정도의 글을 쓰려면 열 장 이상의 생각을 해야 한다. 즉 글을 쓰려면 쓸거리(글감)가 풍부해야 한다는 말이다. 쓸거리가 풍부하려면 많이 생각하고 깊게 생각하는 습관을 들여야 한다. 바쁜 일상 속에서 어떤 것에 대해 깊게 생각한다는 것은 갈수록 어려운 일이 되어가고 있다. 논술에서 성공하려면 먼저 생각주머니를 크게 키워야 한다. 그리고 생각을 말과 글로 표현하는 연습을 꾸준히 해야 한다. 이러한 사실에 대한 믿음의 창이 확실하고 행동으로 옮겨 실천하는 사람만이 원하는 결과를 얻을 수 있다.

성공적인 논술 훈련 방법

1. 초급 논술

가. 논제를 읽고 1분간 명상하기

논술이란 학생들의 사고력과 구상력, 표현력을 평가하기 위해 시행된다. 그러니 문제에 대한 정답을 찾으려고 애쓰기보다는 논제와 관련하여 평소에 자신이 갖고 있던 생각이나 지식, 경험 등을 차근히 짚어보는 것이 더 좋다. 논제를 읽을 때는 자연스레 떠오르는 생각들을 메모해두면 도움이 되고, 다시 한 번 논제를 찬찬히 읽어보면서 출제자가 요구하는 것이 무엇인지를 찾는다.

나. 개요 작성하기

글쓰기에서 개요는 매우 중요하다. 개요는 글이 앞으로 나아갈 방향을 정해주는 표지판과 같은 것으로 개요를 완벽하게 작성해 둔다면 글의 반 이상을 완성한 것과 마찬가지다. 개요를 짤 때는 틀에 맞추려고 하기보다는 논제를 파악하면서 떠오르는 생각을 메모해 두고 그것을 순서에 맞게 배열하면서 글의 방향을 정하면 좋다.

다. 논제를 비판적으로 이해하는 습관 들이기

논제를 읽을 때는 당연히 알고 있는 것들에 대해 의문을 제기하면서 뒤집어서 생각하는 습관이 필요하다. 이런 습관을 들이려면 상식에 대해 의심을 품어보고, 사람들이 생각하는 방향과는 다른 방향으로 생각해보는 시도가 필요하다. 이런 사고방식이 뻔한 답이 아닌 자신만의 글쓰기, 독창적인 글쓰기를 할 수 있는 기본이 된다.

라. 무엇에 대해 써야 하는지 명확하게 알기

문제에 답하기 위해서는 먼저 무엇에 대해 써야 하는지 명확하게 알아야 한다. 그러려면 우선 논제를 잘 읽어야 한다. 보통 학생들이 논제를 대충 읽고 출제자가 원하는 방향과는 다른 답안을 작성하는 경우가 많다. 논제에서 요구하는 것이 무엇인지 확실하게 파악하고 난 후에 답을 쓰는 것이 논술의 기본 중에 기본이다.

마. 제시문을 효과적으로 읽기

제시문을 읽을 때는 출제자가 요구하는 과제에 초점을 맞추어 읽되 문제 상황을 가장 잘 나타내고 있는 부분이 어디인지를 먼저 찾아봐야 하는데, 이런 과정을 통해 문제해결의 실마리를 찾을 수 있다. 논술 문제에 붙어있는 제시문에는 출제자가 요구하는 뜻이 숨겨져 있다. 따라서 제시문을 꼼꼼히, 깊이 있게 읽는 자세가 필요하다.

바. 올바른 방향으로 쓰기

일반적으로 논술을 작성할 때는 서론에서 문제를 제기하고, 본론에서는 제시문에 나타나 있는 문제 상황을 밝혀주고, 결론에서 앞서 얘기한 문제점을 해결하기 위한 바람직한 자세와 태도에 대해 쓰는 것이 좋다.

사. 실전 노하우

무엇보다 자유롭게 생각할 수 있어야 한다. 자기 자신에게 어떤 질문을 하느냐에 따라 삶의 질과 방향성이 달라지듯이 논술에서도 질문이 중요하다. 글을 쓸 때는 쓰고자 하는 내용을 분명히 정하는 것이 중요하다. 글쓰기는 생각의 표현이므로 좋은 생각이 있어야 좋은 글을 쓸 수 있다. 부족한 글 솜씨보다 부족한 생각을 더 걱정해야 한다.

문제가 요구하는 조건도 철저히 지켜야 한다. 논술은 일반적인 글쓰기와는 다르다. 학생의 자질을 판단하기 위한 시험 과정의 하나로 논술을 활용하는 것이다. 즉 논술 시험은 엄격한 기준과 요구사항을 얼마나 잘 지켰는지가 중요한 채점기준이 된다.

논술 문제에는 일반적으로 A와 B가 맞서는 '쟁점'이 들어있다. 따라서 맞서고 있는 A와 B를 찾아서 그 차이점을 따져 보면서 대조하면 유리하다. 논술의 기본은 의문을 품는 것이므로 항상 '왜'라는 질문을 던져야 한다. 다양한 의문은 논술을 새로운 차원으로 인도하는 마법의 지팡이다.

2. 고급 논술

가. 논술 문제해결 과정

논제 꼼꼼히 분석하기 → 제시문을 분석해서 의미 발견하기 → 답안 작성의 방향 정하기 → 실제 답안 작성하기

나. 논술의 핵심 키워드 '생각'

논술은 생각으로 쓰는 것이다. 논술에서 채점관이 평가하고자 하는 것은 수험생의 글쓰기 실력이 아니라 주어진 논제에 대한 생각이다. 따라서 논제에 대해 어떤 주장을 했고 그 주장에 대한 적절한 근거를 제대로 표현했는지가 주요 평가 기준이다. 논술에서는 생각이 중요하므로 발상의 차이가 답안의 차이가 된다. 열린 발상을 하려면 논술 문제를 볼 때 출제자의 의도와 제시문의 핵심 내용을 정확하게 이해하는 것이 우선이다.

다. 논술의 시작 '논제 분석'

논제를 분석할 때는 해결 방안을 요구하는 유형, 논쟁이나 논박을 요구하는 유형, 세분화된 단계별 답안을 요구하는 유형 중에 어떤 유형의 문제인지 파악해야 한다. 그리고 제시문을 분석하면서 문제점의 발견을 요구하는 유형, 수험생 자신의 견해를 제시하는 유형, 상징적 의미의 발견을 요구하는 유형, 자료 분석을 요구하는 유형 중에서 어떤 유형에 해당되는지 파악해야 한다.

라. 논술의 끝 '답안 작성'

서론을 쓸 때는 첫인상에 대한 부담을 줄이고 논술의 기본을 지키기 위해 노력해야 한다. 전체적인 방향에 따라 본론과 결론의 전개와 연관성을 염두에 두고 글을 써야 한다. 본론을 쓸 때는 자신이 하고 싶은 이야기를 몇 개의 핵심 사항으로 나누어서 하나씩 문단을 이루어가며 글을 전개해야 한다. 이때 그 내용들이 반드시 유기적으로 연결되어야 한다. 결론을 쓸 때는 서론과 본론을 통해 이어온 자신의 논지를 강력하게 제시하면서 마무리해야 한다. 강한 인상을 남기기 위해 예화나 명언, 속담 등으로 마무리하는 것도 효과적이다.

마. 논술 고수의 비법

정확한 출제의도 파악 훈련을 한다. 완성형 논술(한 편의 완성된 논술을 요구하는 유형으로 서론, 본론, 결론을 가진 1,200자에서 2,000자까지의 논술)과 단계형 논술(논제를 세분화하여 제시문 독해, 요약 그리고 자기 견해나 대안 제시를 요구하는 유형)의 차이점을 알고 철저하게 준비한다. 문제의식을 갖고 제시문 요약 연습을 하면서 핵심과 요지를 담기 위해 노력하고, 요약한 것은 반드시 글로 정리하는 습관을 들인다. 감점 요인을 제거하는 훈련을 하면서 이분법적 사고를 버리고 논쟁점에 대한 균형 잡힌 시각을 갖도록 노력한다.

— ≪박학천 논술 1318≫ 참조

6

입학사정관전형도
대비하자

         최근 몇 년 동안 많은 학생들이 입학사정관전형에 관심을 갖고 준비한다. 학부모들도 입학사정관전형이 중요하다는 생각에 입학을 하자마자 다양한 활동으로 입학사정관전형을 준비한다. 교육 관련기관들도 입학사정관전형을 준비해야 한다고 강조하고 있다.

    하지만 2013학년도 대학입시에서 입학사정관전형으로 선발하는 학생의 수는 약 12% 정도에 불과하다. 복수 합격자들을 고려하면 실제로는 10% 정도의 학생들이 입학사정관전형으로 대학에 진학한다. 초창기에는 입학사정관전형의 모집인원이 급격히 증가했지만 전체 인원의 10%를 넘기면서 증가세가 주춤한 상태다.

    앞에서도 한번 언급했지만 대학에서 선발하는 입학사정관전형에는 교과 성적을 매우 중요하게 반영하는 전형과 교과 성적을 무시하고 학생의 진로에 대한 활동을 중심으로 선발하는 전형이 있다. 물론 교과 성적이 중요하다고 하는 전형에서도 결국 교과 성적은 기본이고 그 외 다양한 비교과 활동(독서, 봉사, 동아리, 리더십 등)이 필요하다. 이 전형에서 좋은 결과를 얻기 위해서는 자신의 진로를 일찍 정해서 그 방향에 맞는 다양한 활동을 하는 것이 좋다. 그렇기 때문에 1장에서 이야기한 것처럼 '자신이 좋아하는 방향을 빨리 찾는 것'이 학생들에게 가장 시급한 사안이다.

물론 비교과에서 준비를 제대로 하지 않으면 지원할 기회 자체가 사라진다. 대학입시의 중요한 전형에서 아예 지원할 기회조차 얻지 못한다는 것은 입시 전체를 놓고 봤을 때 매우 큰 손해다.

그러니 아직 진로를 명확하게 정하지 못한 학생은 고등학교 1학년을 들어가기 전에 어느 정도 넓은 폭으로 진로를 잡는 과정이 필요하다. 최소한 계열을 확정하고 고등학교에 입학하는 것이 좋고, 학과까지 어느 정도 윤곽을 잡을 필요가 있다. 그래야 동아리 활동부터 독서까지 일관성을 갖고 준비할 수 있기 때문이다.

입학사정관전형은 1학년 때 성적이 나쁘다고 실패하는 것은 아니다. 실패를 극복하고 발전하는 모습을 보여주는 것도 중요하다. 따라서 어느 순간이든 자신의 생각을 실천해 나가는 것이 가장 중요하다.

경우에 따라서는 진로를 바꿀 수도 있다. 이 경우에도 왜 진로를 바꿀 수밖에 없었는지를 잘 설명할 수만 있다면 전혀 문제가 되지 않는다. 입학사정관이 원하는 것은 그 학생이 지원하는 대학의 학과를 들어오기 위해서 얼마나 노력했느냐 하는 것을 증명하는 것이다.

하지만 1학년을 마무리한 후에는 냉정히 자신의 상황을 판단해야한다. 자신의 학생부 교과 성적, 모의고사 성적 등의 전형 요소들을비교해서 입학사정관전형이 유리하다면 2학년 이후에 좀 더 세밀하게 준비해야 한다.

입학사정관전형이 유리하지 않다면 2학년부터는 과감하게 다른전형에 시간을 투자하는 것이 낫다. 그동안 해온 것이 억울해서 어정쩡하게 준비를 계속하게 되면 오히려 자신의 강점이 될 수 있는 영역에서 문제가 발생할 수도 있다.

| 주요 대학 입학사정관전형 |

대학	전형	모집인원	전형 자료
연세대	창의인재	40	우수성 입증자료, 창의에세이, 추천서, 면접
서강대	Art & Technology 전형	30	학생부, 자기소개서, 추천서, 우수성 관련자료, 면접
성균관대	자기추천자	35	학생부(교과, 비교과), 자기소개서, 추천서, 면접
한양대	미래인재	60	1단계 : 서류(학생부, 자기소개서, 추천서, 학업 계획서, 재능/잠재력/역량 증빙서류) 2단계 : 서류20% + 면접80%
경희대	네오르네상스	262	1단계 : 서류(학생부, 자기소개서, 교사추천서, 활동자료 및 실적물) ⇒ 3배수 선발 2단계 : 서류60% + 면접40%
중앙대	다빈치형인재	235	1단계 : 서류(학생부, 자기소개서, 추천서, 능력 입증서류) 2단계 : 서류 및 면접 종합평가
서울시립대	UOS포텐셜	75	1단계, 2단계 : 서류(학생부, 자기소개서, 추천서 등) 3단계 : 심화다면평가(면접)

Part 3

고1을 위한
시간관리법

마음이 해이해져 있는 모습의 학생을 볼 때면 그 학생에게 매일 사용하는 시간을 꼼꼼하게 기록해보게 지도한다. 그러면 학생들은 자신이 별로 하는 일 없이 그냥 흘려보내는 시간이 생각보다 많다는 것을 깨닫고 깜짝 놀란다. 아들과 딸에게도 자신의 하루를 기록하는 시간일기를 쓰게 해 보았다. 스스로가 놀랄 정도로 많은 시간들이 그냥 흘러가고 있다는 것을 아는 것이 가장 중요했다. 그러고 나면 시간을 어떻게 활용할지 스스로 고민하게 된다.

하지만 시간의 소중함을 깨우치고 난 후에도 시간을 제대로 활용하기 위해서는 많은 노력과 훈련이 필요하다. 잘못된 습관이 굳어지고 난 후 그 습관을 바꾸는 것은 정말 어려운 일이다. 중학교 3학년의 겨울을 보내면서 자신의 시간 사용태도가 어떤지만 깨달아도 고등학교 생활에서 성공할 확률이 높아진다.

이번 장에서는 시간 사용법에 대해서 중점적으로 알아보자.

1
시간관리의 기본은
주간계획표

　　　　　　　　　고등학생이 되면 시간관리가 더욱
중요해진다. 이유는 바로 대학입시 때문이다. 중학교에서는 중간고
사가 끝나고 나면 시험을 본 범위는 다음에 다시 시험에 나올 것이
아니기 때문에 잊어버려도 큰 문제가 없었다. 그래서 중학교 공부는
벼락치기가 가능했다.

　하지만 고등학생이 준비하는 수능이라는 시험은 그동안 배운 전
체 범위에서 출제되기 때문에 벼락치기로 암기하고 금방 잊어버리는
공부를 해서는 수능에서 결코 좋은 성적을 받을 수 없다. 상위권 대
학에 진학하려면 배운 내용을 오랫동안 기억하는 훈련이 필요하다.
주기적인 반복을 통해 공부한 내용을 장기기억으로 보내서 저장해야
하기 때문에 시간관리가 중요하다.

시간관리를 위한 계획표를 짤 때는 주간계획표부터 시작하는 게 좋다. 직장을 다니는 성인들에게도 주간계획표가 시간관리의 기본이다. 더구나 학생들에게 주간계획표는 가장 중요한 시간관리 도구가 된다. 왜냐하면 모든 학교의 시간표가 1주일을 기준으로 작성되어 있기 때문이다. 특히 주 5일 수업이 시행되면서 토요일 일정도 같아졌다.

　실제 학생들의 생활을 들여다 보면 요일마다 학교에서 배우는 과목이 똑같다. 따라서 아침에 공부하는 내용이나 저녁에 복습을 해야 하는 과목과 과목별 분량도 거의 비슷하다. 학원이나 과외를 하는 경우에도 특별한 경우를 제외하면 매주 같은 요일, 같은 시간에 수업이 진행되기 때문에 학생들에게는 주간계획표가 가장 기본이 된다.

| 2013년 1학기 시간표(예시) |

월	화	수	목	금	계
독서	체육	문학	정보	문학	5시간 : 문학, 영어
정보	영어	영어	문학	수학	4시간 : 수학, 한지, 세사
창체	수학	한지	체육	세사	(세계사), 정보
영어	세사	창체	영어	물리	2시간 : 물리, 체육, 창체 (창의적 체험활동)
문학	문학	수학	세사	한지	동아리(격주 2시간)
한지	한지	정보	물리	영어	독서 1시간
세사	정보		수학	동아리	총 : 34시간

학생들에게 계획표를 작성해 보라고 권하면 계획표를 만드는 것이 귀찮다고 한다. 특히 매주 같은 내용을 반복해서 써야 하는 것이 힘들다고 한다. 하지만 주간계획표는 한 번 작성해두면 매주 같은 내용이 반복되기 때문에 고민해야 하는 부분이 생각보다 적은데 실제로 해보지도 않고 힘들다는 이야기를 한다.

만약 글씨를 쓰는 것이 힘들다면 컴퓨터에 양식을 저장해두고 1주일에 1번씩 수정해서 프린트를 함으로써 쉽게 자신의 주간계획표를 관리할 수 있다. 특히 컴퓨터를 좋아하는 학생들은 나름대로 즐기면서 이 작업을 할 수 있다.

물론 주간계획표를 1년 동안 한 가지만 작성해서 지키는 것은 어렵다. 1년을 기준으로 세 가지 종류의 계획표를 세워야 한다. 즉, 평소 계획표, 시험 계획표 그리고 방학 계획표가 세워져야 한다.

3월에 학기를 시작해서 1학기 중간고사 준비를 하기 전까지는 평소 계획표에 따라 생활하자. 이때는 주말에 좀 여유를 갖고 지내는 것이 필요하다. 특히 주 5일 수업이 진행되므로 토요일에는 다양한 활동을 계획하는 것이 필요하다. 봉사활동이나 동아리활동을 충분히 계획한다.

그리고 4월초가 되면 4월말이나 5월초에 있는 중간고사를 준비한다. 중간고사 준비는 대략 시험 준비 3주와 시험기간까지 4주간의 계획표를 만든다. 대부분의 학교가 3일에서 4일 정도의 시험기간을 갖는데 시험이 끝나면 주말까지 여유를 갖고 휴식 계획도 세운다.

그러고 나면 다시 평소 계획과 기말고사 준비를 위한 시험 계획이 반복되며, 기말고사가 끝나면 여름방학 계획을 세워야 한다. 여름방학이 시작되기까지 2~3주 정도의 시간이 있는데, 이 시기는 평소 계획대로 지내는 것이 좋다. 방학 계획표는 학기 중에 할 수 없었던 활동 중에서 장기 계획이 필요한 활동을 우선적으로 배정하자.

2학기에는 1학기에 세워서 실천했던 계획표들을 반복하면 된다.

| 고1 기준의 시기별 주간계획표(예시) |

1학기	3월 첫째주 ~ 4월 첫째주 (5주)	4월 둘째주 ~ 5월 첫째주 (4주)	5월 둘째주 ~ 6월 첫째주 (4주)	6월 둘째주 ~ 7월 첫째주 (4주)	7월 둘째주 ~ 7월 셋째주 (2주)	7월 넷째주 ~ 8월 셋째주 (4주)
계획표	평소	시험	평소	시험	평소	방학
2학기	8월 넷째주 ~ 9월 둘째주 (3주)	9월 셋째주 ~ 10월 첫째주 (4주)	10월 둘째주 ~ 11월 둘째주 (5주)	11월 셋째주 ~ 12월 둘째주 (4주)	12월 셋째주 ~ 12월 넷째주 (2주)	1월 첫째주 ~ 2월 넷째주 (8주)
계획표	평소	시험	평소	시험	평소	방학

대부분의 학교들이 비슷한 시기에 시험을 보기 때문에 거의 모든 학생들이 비슷한 계획표를 만들게 된다. 처음 계획표를 세울 때는 완벽한 계획표를 만들기 어렵다. 성인들도 계획대로 실천하는 것은 어렵기 때문에 수많은 시행착오를 경험한다. 따라서 여유를 가지고 주간계획표를 만드는 연습을 하자.

계획표를 세우고 난 후 중요한 것은 피드백을 하는 것이다. 계획표대로 실천하려고 했지만 잘 안 되었을 때 무엇이 문제인지 분석해 보아야 한다. 피드백을 통해 자신이 계획표를 지키지 못한 이유를 정확하게 파악하고 그 문제점을 없애가야 한다. 한꺼번에 많은 문제점을 고치려고 하지 말고 일주일에 한 가지씩이라도 자신의 문제점을 고쳐가면서 성취감을 느낄 때 자신에게 맞는 완벽한 주간계획표가 만들어지게 된다.

2

내가 사용하는
시간을 파악하자

　　　　　　학생들이 사용하는 시간은 크게 수면, 수업, 자습 그리고 기타 시간으로 분류할 수 있다. 자신이 사용하는 시간을 너무 세분화시키면 시간을 정리하는 데 많은 시간을 들여야 하기 때문에 계획에 실패할 확률이 높다. 따라서 최대한 단순화해서 분류하는 것이 좋다.

먼저 수면과 수업 시간은 누구나 확보해야 하는 고정시간이다. 고정시간은 내 맘대로 조절하기가 어렵다. 욕심을 내서 고정시간에 해당하는 수면 시간을 확 줄이거나 수업 시간을 늘리면 기본적인 생활에 문제가 생길 수 있다.

수면은 학생들마다 패턴이 각기 다르기 때문에 시간을 어느 정도 확보해야 하는지는 개인차가 있다. 하지만 가장 기본적으로 지켜야 하는 것은 다음 날 수업에 지장이 없을 정도의 시간은 확보해야 한다는 것이다. 자신에게 어느 정도의 수면이 필요한지는 여러모로 실험해보면서 스스로 찾아야 한다. 또한 하루에 7시간을 자더라도 밤 11시부터 다음날 6시까지 잤을 때가 가장 컨디션이 좋을 수도 있고, 새벽 1시에 자서 8시까지 잘 때가 좋은 수도 있다. 평소에는 학교에 가는 시간이 있기 때문에 그 시간에 맞춰야 한다.

일주일을 평균했을 때 고등학생의 경우 약 50시간 정도의 수면 시간이 필요하다. 즉, 하루에 평균 7시간 정도의 수면 시간이 필요한데, 평소에는 6시간 정도를 자고 주말에 조금 더 자는 패턴을 권하고 싶다. 지금까지 지도한 학생들 중에서 가장 문제가 됐던 학생은 새벽이 되어서야 잠을 자고 수업 시간에는 너무 졸려서 수업에 집중하지 못하는 학생이었다. 따라서 적당한 수면 시간을 확보하려고 노력해야 한다.

수업 시간에는 학교 정규수업, 방과후 수업, 학원 수업 또는 과외 시간이 포함된다. 요즘 학생들이 많이 선호하는 인강도 수업 시간으로 생각해야 한다. 특히 학교 정규수업 시간은 학생들이 마음대로 조절할 수 없다. 따라서 학교 정규수업 시간을 기본으로 해서 나머지 시간들, 즉 방과후 수업, 학원, 과외, 인강 시간을 적절하게 배정해야 한다.

학교 수업 시간이 많은 요일에 다른 수업 시간을 많이 계획하면 그날 배운 내용을 충분히 익힐 시간이 부족해서 자신의 것으로 만드는 것이 어렵다. 따라서 학교 정규수업 외에 조절이 가능한 수업 시간을 요일별로 적절하게 조정하는 것이 중요하다.

우리나라 대다수의 학생들과 학부모들은 수업을 많이 들으면 공부가 많이 되는 것이라고 생각한다. 하지만 수업은 배우는 시간이지 익히는 시간이 아니다. 배우는 시간과 별도로 익히는 시간도 반드시 확보해야 한다.

우리나라 학생들의 평균적인 수업 시간은 고등학교를 기준으로 50분짜리 수업이 35시간 정도 된다. 결국 1주일 기준으로 30시간 (1800분) 정도의 시간을 학교 정규수업으로 보내게 된다. 그 외에 방과후 수업, 학원, 과외, 인강 등에 투자하는 시간이 10시간 내외로 알려져 있다. 합치면 1주일에 약 40시간 정도가 학생들의 평균 수업 시간이다.

최근에는 학원에서 수업할 때도 스스로 문제 풀고 질문하는 자습 형태의 시간을 운영한다. 이 경우 선생님이 수업을 하는 시간만 수업 시간에 넣고, 스스로 문제를 풀고 질문하는 시간은 자습 시간으로 넣어서 자신의 시간을 분석해야 한다.

고정 시간을 제외한 나머지 시간은 학생이 스스로 사용할 수 있는 가용 시간이다. 가용 시간은 자습 시간과 기타 시간으로 나눌 수 있다. 기타 시간에는 식사 시간, 이동 시간, 휴식 시간, TV 보는 시간, 게임 시간, 채팅 시간, 책 읽는 시간 등 다양하다. 이런 시간을 모두 체크해서 기록하기는 어렵다. 따라서 학생들이 책상에 앉아서 스스로 공부하는 자습 시간을 체크하고, 나머지 시간을 기타 시간으로 기록하는 것이 쉽다.

시간	월	화	수	목	금	토	일
6:00							
6:30							
7:00							
7:30							
8:00							
8:30							
9:00							
9:30							
10:00							
10:30							
11:00							
11:30							
00:00							
00:30							

수면시간		수업시간		자습시간		기타시간	

학생들에게 자신의 가용 시간을 체크해 보라고 하면 대동소이한 고정 시간에 비해 학생들마다 큰 차이를 보인다. 1주일을 평균해 보면 전체 168시간(24시간 × 7일) 중에서 평균적으로 수면 50시간, 수업 40시간을 제외하면 약 78시간의 가용 시간이 학생들에게 주어진다.

가용 시간 중에서는 자습 시간이 가장 중요하다. 수업 시간에 배운 내용을 스스로 익히는 시간이 자습 시간이기 때문에 일단 수업 시간에 비해서 적으면 안 된다. 많은 학생들이 수업 시간이 공부하는 시간이기 때문에 수업 시간이 많으면 공부를 많이 한다고 생각하지만 배우고 나서 익히는 시간이 부족하면 공부를 잘하기 어렵다.

사교육을 통해서 자신의 부족한 점을 보충하는 것도 필요하다. 사교육을 무조건 나쁘다고 생각할 필요는 없다. 필요하다면 사교육을 통해서 자신의 약점을 보완하는 것이 좋다. 하지만 사교육을 받더라도 자습 시간은 확보해야 한다. 사교육에 어느 정도의 시간을 들일지 고민된다면, 학교 수업 + 사교육 시간보다 더 많이 자습시간을 확보할 수 있어야 함을 잊지 말자.

수업 시간보다 많은 자습 시간을 확보하기 위해 자투리시간 활용이 중요하다. 대다수 상위권 학생들은 일반 학생들이 기타 시간으로 보내는 식사, 이동, 휴식 시간도 자습 시간으로 활용한다.

하루에 학교생활을 하면서 생기는 자투리 시간은 아침 등교 후에 수업이 시작되기 전까지의 시간, 10분간 쉬는 시간, 식사, 이동 시간 등이 있다. 하루에 평균적으로 3시간 내지 4시간 정도의 자투리 시간이 생기게 되는데 이 시간 중에서 절반 정도의 시간을 자습 시간으로 확보할 수 있어야 한다.

| 자투리 시간 활용 전략 |

오전	기상 후 식사 전	15분
	등교 준비 후 학교 가기 전	15분
	등교 시간	20분
	학교 등교 후 조례 전	20분
	과목별 쉬는 시간	10분×3
오후	점심 식사 후 시간	20분
	과목별 쉬는 시간	10분×2
	종례 전 쉬는 시간	10분
하교 후	하교 시간	20분
	학원 가기 전 시간	20분
	학원 가는 시간	15분
	학원 쉬는 시간	10분×2
	귀가 시간	15분
	공부 마친 후 취침 전 시간	20분
합		260분 (4시간 20분)

이렇게 한다면 일주일에 주어진 약 78시간의 가용시간 중에서 절반에 해당하는 40시간 이상을 자습 시간으로 확보할 수 있게 된다.

언제나 잊지 말아야 할 것은 수업 시간에 비해서 자습 시간이 턱없이 부족하면 배운 내용을 자신의 것으로 만들기 어렵다는 것이다.

대부분의 학생들이 자신이 1주일 동안 사용하는 시간을 제대로 파악하지 않고 지내면서 시간을 어떻게 사용하는지 잘 모르고 습관대로 지낸다. 목표를 정하고 그 목표를 달성하기 위해서는 자신의 시간을 제대로 파악하고 그중 어떤 시간을 조절해야 하는지 파악해야한다.

실제 학생의 예시를 보면서 자신도 계획을 세워보자.

STUDY MATE

● 고등학교 2학년을 올라가는 남학생

| 겨울방학 첫째 주 시간 분석 |

구분	수면 시간	수업 시간	자습 시간	기타 시간
시간	55.3	20.7	35.0	57.0
비율	32.9%	12.3%	20.8%	33.9%

학생이 1주일 동안 자신의 시간을 분석한 결과에 대해서 가장 놀란 것은 기타 시간이었다. 사실 이 학생은 잠을 많이 자는 편이라 하루에 8시간을 자도 많이 잔다고 생각하지 않는 편이었다.

수업 시간도 학원과 과외를 병행하고 있고, 학교 수업을 전혀 듣지 않는 겨울방학이라 하루 3시간 정도라면 크게 무리는 되지 않았다. 자습 시간도 수업 시간 대비 1.7배 정도이므로 큰 문제는 없다.

그런데 기타 시간이 일주일 동안 57시간이면 하루에 8시간이 조금 넘는 시간이다. 별로 하는 것도 없는데 이 정도의 시간이 기타 시간으로 사라진다고 하니 본인 생각에도 많다고 느껴져서 놀랐다고 한다(대부분의 학생들에게 자신의 시간을 분석해 보라고 하면 비슷한 결과가 나온다).

그래서 기타 시간에 무엇을 하는지 분석해보기로 했다. 일단 아침에 일어나서 보내는 시간이 조금 많았다. 방학 때는 주로 독서실에서 공부하는데, 아침에 일어나 독서실에 가서 공부를 시작할 때까지 최소 1시간 이상, 최대 2시간 정도 걸렸다. 그리고 점심식사를 하기 위해 집으로 돌아왔을 때도 식사 전후로 보내는 시간이 꽤 되었고, 휴식시간이 식사 전후로 항상 많은 편이었다.

학생은 기타 시간이 많다는 생각을 했는지 다음 주에는 49시간 이하로 줄이겠다는 이야기를 했다. 그러기 위해서는 하루 1시간 이상을 줄여야 했다. 아침에 일어나 독서실에 가는 시간을 매일 1시간 이내로 해보고, 점심식사를 위해서 집에 다녀가는 시간도 1시간 30분 이내로 줄여보기로 했다. 아울러 주말에도 하루 1시간 이상 자습 시간을 늘리겠다고 했다.
본인 스스로 그렇게 목표를 정했고 다음 주부터 실천에 들어갔다.

| 겨울방학 둘째 주 시간 분석 |

구분	수면 시간	수업 시간	자습 시간	기타 시간
시간	52.0	21.0	42.0	53.0
비율	31.0%	10.7%	24.1%	34.2%

2주차에서는 수면 시간이 조금 줄고, 자습시간이 조금 늘면서 기타 시간이 줄었다. 물론 자신이 목표했던 수준까지 달성하지는 못했지만 1주차보다는 조금 나아졌다. 1주일 동안 어떻게 지냈는지 다시 한 번 피드백을 했다. 학생은 평일에는 어느 정도 계획을 지켰는데

주말에 계획을 제대로 못 지켰다고 했다.

| 겨울방학 마지막 주 시간 분석 |

구분	수면 시간	수업 시간	자습 시간	기타 시간
시간	51.0	20.5	48.0	48.5
비율	30.4%	12.2%	28.6%	28.9%

겨울방학의 마지막 주였던 2월 마지막 주에 목표했던 기타 시간 49시간 이하를 달성하면서 학생은 성취감을 느낄 수 있었다. 처음 시작했을 때보다 수면 시간과 기타 시간을 줄였고, 자습 시간을 확보하면서 새롭게 생긴 13시간을 영어 단어 암기와 과학 과목 공부에 투자하면서 스스로 만족스러운 결과를 만들어 낼 수 있었다.

3

객관적이고 구체적인
목표를 정하자

학생들에게 질문을 해보면 계획표를 세운 경험은 대부분 갖고 있다. 하지만 계획표를 세우고도 1달 이상 꾸준하게 지키지 못하는 학생들이 많다. 이런 경우의 문제점은 대부분 두 가지로 압축된다. 첫째는 자신의 능력을 제대로 알지 못하고 계획을 세우는 경우이고, 둘째는 구체적인 목표를 세우지 못하기 때문이다.

계획표를 세우기 위해 가장 먼저 해야 할 일은 자신의 능력을 파악하는 것이다. 중3 정도의 학생이라면 최소한 9년 동안 학교생활을 하면서 만들어진 습관이 있다. 어떤 학생은 잠자리에서 일어나서 씻고 옷 입고 아침식사를 하는 데 1시간 이상 걸리지만 다른 학생은 30분 정도에 해결하는 경우도 많다.

똑같은 행동을 하더라도 학생들마다 이미 만들어진 습관이 있기 때문에 앞 장에서 제시한 것처럼 자신의 습관을 파악하기 위해서 자신이 사용하는 시간을 30분 정도의 단위로 구체적인 기록을 해야 한다. 그렇게 2~3주 정도를 보내고 나면 자신이 어떻게 시간을 보내고 있는지 파악할 수 있다.

자신의 생활 습관을 파악하면 어떤 부분에 문제가 있는지 구체적으로 분석을 해야 한다. 예를 들면 씻고, 밥 먹고, 등교 준비를 하는 시간들은 학생들에게 가장 기본적인 시간이다. 하지만 잘 생각해보면 아침에 늦잠을 자서 급하게 학교에 갈 때는 20분 정도면 해결이 되는 일을 평소에는 1시간 이상 걸린다. 즉, 빨리 하려는 마음만 있으면 충분히 시간을 줄일 수 있다.

아침에 씻는 시간을 줄이고 싶다면 평소 자신이 어느 정도 시간동안 씻는지를 분석하고 5분, 10분 등 자신이 줄여야 할 시간을 정해놓고 매일 체크하면서 노력해야 한다. 최근 두발자유화가 되면서 아침마다 머리 손질에 시간을 보내는 학생들도 늘어나고 있다. 자기 자신이 무엇을 줄여야 할 것인가 구체적으로 정해서 습관을 바꿀 필요가 있다.

공부할 때도 마찬가지다. 대부분의 학생들에게 계획표를 작성해보라고 하면 1주일 시간표를 고려해서 매일 공부해야 할 과목만 적어둔다.

구분	월	화	수	목	금	시간	토	일
아침자습	예습	예습	예습	예습	예습	오전1		
쉬는시간1	영단어	영단어	영단어	영단어	영단어	오전2		
쉬는시간2	수학문제	수학문제	수학문제	수학문제	수학문제	오후1		영어
오후자습	당일복습	당일복습	당일복습	당일복습	당일복습	오후2		수학
야자1	당일복습	당일복습	당일복습	당일복습	당일복습	저녁1	영어	국어
야자2	수학	수학	수학	수학	수학	저녁2	수학	사회
야자3	영어	국어	영어	국어	영어			

위의 형식으로 계획표를 작성하는 경우도 흔하지는 않다. 많은 학생들이 이 정도의 계획표를 세우고 나면 엄청 뿌듯해 한다. 하지만 1주일이 지난 후에는 대부분 실망한다. 구체적인 목표가 없어서 계획이 지켜진 것인지 아닌지 애매하기 때문이다. 결국 생각보다 제대로 지키지 못했다는 느낌만으로 자신에게 실망하게 된다.

계획이 제대로 지켜졌는지 확인하려면 구체적인 목표가 있어야 한다. 구체적인 목표를 세우고 계획을 실천하면 자신의 계획이 어느 정도 지켜졌는지 분석할 수 있다. 계획을 세워서 공부할 때 가장 중요한 것은 원래의 계획을 어느 정도 달성했는지 돌아보는 피드백에 있다. 그래서 자신이 어느 정도 달성을 했는지 살펴보고 문제점이 있다면 그 문제점을 해결할 수 있는 방법에 대해서 고민해야 한다.

피드백을 통해서 드러난 문제점을 해결하고 다음 주에는 새로운 계획을 세워서 시도해야 한다. 그런 후에 다시 피드백을 하면서 자신의 문제점이 어느 정도 해결되었는지 확인하는 과정이 필요하다.

만약 피드백 없이 무작정 실천하다 보면 대부분의 학생들은 자신이 계획했던 목표를 제대로 달성하지 못한다. 막상 시험공부를 할 때가 되면 생각보다 공부한 양이 적어서 시험 기간에 무리해서 허겁지겁 공부하며 힘들어 한다.

공부 계획을 세울 때는 1주일 동안 어느 정도의 양을 공부할지 미리 예상해보고 일요일 저녁에 계획표를 작성하는 습관이 필요하다. 그리고 1주일 동안 예상했던 양의 어느 정도를 실천했는지 달성률을 기록해야 한다.

계획의 달성률을 보면서 자신이 예상했던 양의 공부를 하기 위해서는 시간이 얼마나 필요한지 확인하게 된다. 그러면 자신의 고정시간을 제외한 가용시간에서 어느 정도의 계획이 실행가능한지 알게 되고 자신에게 필요한 시간을 늘리기 위해서는 어떻게 해야 하는지 고민하게 된다.

| 3월 2주 주간계획표(예시) |

학습내용	예상범위	교재	공부 방법
단어암기	83~92	단어 프린트	매일 50개씩 암기 5회 복습(시스템 복습법) 틀린 문제 모음 재확인
문학	p.29~38	교과서, 자습서, 수업프린트	주중 : 당일 배운 내용 돌아보기 주말 : 암기사항 체크 및 문제풀기
수학	p.27~31	교과서, 익힘책, 개념원리, 쎈수학	주중 : 배운 내용 개념정리 후 문제풀기 주말 : 주요문제, 틀린 문제 다시 풀기

영어	5단원	교과서, 자습서	교과서 정독, 자습서 보고 빠진 부분 보충 주요구문 정리 후 암기하기!
세계사	p.48~55	교과서, 수업프린트	주중 : 당일 배운 내용 정리 후 암기 주말 : 1주일간 배운 내용 마인드맵 작성
한국지리	p.16~31	교과서, 수업프린트	주중 : 당일 배운 내용 정리 후 암기 주말 : 1주일간 배운 내용 마인드맵 작성

만약 자신이 현재 사용하고 있는 시간으로는 도저히 불가능한 계획을 세웠다면 목표를 축소해야 한다. 대부분의 학생들은 습관을 쉽게 바꾸지 못하기 때문에 처음에는 학습량을 적게 잡고, 점차적으로 늘려가야 한다.

처음에는 자신이 할 수 있을 것이라 생각되는 양의 계획을 세우더라도 실제로 실천하면서 자신에게 알맞은 목표를 조정하는 과정이 필요하다. 그런 후에 점차적으로 목표의 양을 늘려가는 과정을 꾸준히 실천할 때 제대로 된 계획이 만들어진다.

무리해서 계획을 세우고 그 계획을 제대로 지키지 못하는 과정이 반복되면 결국은 계획을 세우는 것이 무의미해져서 포기하게 된다.

4
올바른 계획은
장기, 중기, 단기 모두 필요

대부분의 학생들에게 계획을 세우라고 하면 그날 해야 할 일을 기록하는 것부터 시작한다. 물론 계획을 세우는 것이 익숙하지 않은 경우에는 매일 해야 할 일을 기록하는 습관부터 만드는 것도 괜찮다.

하지만 일일계획만을 세워서 공부하면 자신이 공부하기 편한 과목에 상당히 많은 시간을 쓰는 경우가 종종 있다. 그러면 자신이 잘하는 과목은 계속 잘하지만 취약한 과목은 해결하지 못하게 된다. 올바른 학습계획이라면 자신의 취약 과목을 잘할 수 있도록 변화시키는 데 초점을 맞춰야 한다. 그러기 위해서는 좀 더 장기적인 계획을 짜고 시간을 배분해야 한다.

계획을 제대로 세우기 위해서는 장기적인 계획을 먼저 세워야 한다. 학생들에게는 일단 1년이라는 시간이 가장 중요한 장기 계획이 될 것이다. 물론 고1부터 고3까지의 장기계획도 필요하겠지만 고1을 시작하는 단계에서는 아직 부족한 부분이 많다. 고1 과정을 어느 정도 보내고 나면 3년간의 계획이 필요하지만 지금은 고1, 1년 동안의 계획을 장기계획으로 설정하도록 하자.

모든 학교는 2월말에 1년 동안의 학사 일정을 정한다. 그리고 3월 초가 되면 학교 홈페이지에 1년 동안의 학사 일정을 발표한다. 학사 일정과 함께 과목별 진도계획에 대한 안내문도 올라온다. 선생님들 중에는 수업 시간에 정보를 정리해서 주시기도 하지만 학생 개인이 파일이나 문서의 형태로 보관하고 계획을 세우면 훨씬 도움이 된다.

중간고사와 기말고사 일정, 여름방학과 겨울방학 일정, 그리고 소풍, 체육대회, 축제, 개교기념일, 재량휴업일 등 다양한 학교 행사 일정이 중요하다. 학교 행사 중 경시대회, 논술대회, 토론대회 등도 중요한 일정이다. 그 외에 국경일이나 선거일 등의 휴일도 고려하고, 개인적으로 필요한 일정도 있다. 예를 들면 가족들의 생일, 가족 여행 일정, 친구 생일 등도 전체 일정으로 고려해야 한다.

1년의 일정이 정리되면 학생들에게 필요한 평소계획, 시험계획, 방학계획의 일정으로 계획을 세워야 한다. 학생들에게는 월간계획이라는 것이 매월 1일부터 말일까지의 월간계획을 세우는 것이 아니다. 필요한 시간에 맞게 달력을 재구성하는 것이다.

| 고1의 학사 일정(예시) |

3월			4월			5월		
날짜	요일	일정	날짜	요일	일정	날짜	요일	일정
1	목	삼일절	1	일		1	화	
2	금	입학식(시업식)	2	월		2	수	중간고사
3	토		3	화		3	목	중간고사
4	일		4	수		4	금	중간고사
5	월		5	목	창의적 체험활동	5	토	어린이날
6	화		6	금	현장 체험학습	6	일	개교기념일
7	수		7	토		7	월	
8	목	영어·수학 진단평가	8	일		8	화	
9	금		9	월		9	수	
10	토		10	화		10	목	창의적체험활동
11	일		11	수		11	금	
12	월		12	목		12	토	
13	화		13	금		13	일	
14	수		14	토		14	월	
15	목		15	일		15	화	
16	금		16	월		16	수	
17	토		17	화		17	목	
18	일		18	수		18	금	
19	월		10	목		19	토	
20	화		20	금		20	일	

| 3월, 4월 평시 일정(6주 - 42일간) |

주요 일정

3/1 삼일절 3/2 입학식 3/9 동아리 신청서 접수 3/12 동아리(방송반) 면접

3/16 학부모총회   3/17~18 외가집 방문   3/19 입시설명회(19:00)

3/27 방송국 공개방송 참가(19:00)   3/31 반 단합대회, 동아리OT

매주 토요일 봉사활동(3시간)

월	화	수	목	금	토	일
2/27	2/28	2/29	3/1 삼일절	3/2 입학식	3/3	3/4
3/5	3/6	3/7	3/8	3/9 동아리신청	3/10	3/11
3/12 동아리	3/13	3/14	3/15	3/16 학부모총회	3/17 봉사,외가집	3/18 외가집
3/19 입시설명회	3/20	3/21	3/22	3/23	3/24 봉사활동	3/25
3/26	3/27 방송국방문	3/28	3/29	3/30	3/31 단합, 동아리	4/1
4/2	4/3	4/4	4/5	4/6	4/7 봉사활동	4/8

월간계획에 해당하는 평시계획, 시험계획, 방학계획의 일정이 정리되고 나면 그 기간에 해야 할 구체적인 내용들을 과목별로 정리해야 한다. 특히 이 계획을 작성할 때는 독서에 관련된 계획도 세워야 한다.

| 3월, 4월 평시 학습 과목별 계획표 |

학습내용	진도예상범위	교재	공부 방법
단어암기	73~144 (1회 당 25개씩)	CLS수능필수 영단어 5841	매일 50개씩 암기 5회 복습(시스템복습법) 틀린문제 모음 재확인
문학	1~3단원(p.5~55)	교과서, 자습서, 수업프린트	주중 : 당일 배운 내용 돌아보기 주말 : 암기사항 체크 및 문제풀기
수학	I-1 행렬과 그 연산 I-2 연립방정식과 행렬	교과서, 익힘책, 개념원리, 쎈수학	교과서 정독, 자습서 보고 빠진 부분 보충 주요 공식 정리 후 암기하기
영어	Lesson 5 Lesson 9	교과서, 자습서	주중 : 배운 내용 개념정리 후 문제풀기 주말 : 주요문제, 틀린문제 다시 풀기
세계사	이슬람 세계의 형성과 발전까지	교과서, 수업프린트	주중 : 당일 배운 내용 정리 후 암기 주말 : 1주일간 배운 내용 마인드맵 작성
한국지리	우리 국토의 기후 환경까지	교과서, 수업프린트	주중 : 당일 배운 내용 정리 후 암기 주말 : 1주일간 배운 내용 마인드맵 작성
독서	1) 세상에서 가장 아름다운 이별 　(노희경 저) 2) 두근두근 내 인생(김애란 저) 3) 수레바퀴 아래서(헤르만 헤세 저)		2주에 1권씩 읽고 기록하기

　최근 학생부에서는 독서에 관한 자료들을 매우 중요하게 반영하고 있다. 그러니 꾸준히 자신이 읽어야 할 책을 정리하고 읽을 계획을 세우는 것이 필요하다. 공부를 하면서 틈틈이 독서를 하는 것이 쉽지 않기 때문에 따로 계획을 세워야 한다.

　과목별 계획을 세울 때는 구체적인 방법과 양을 정한다. 그래야 자신이 어느 정도 양을 공부했는지 피드백이 가능하기 때문이다. 필자도 계획을 세우고 실천해보면 80% 정도만 실천이 가능하다. 따라서 학생들도 달성률이 80% 이상을 넘어가면 스스로 실천을 잘한 경우라고 생각하면 된다.

학원을 다니거나 과외를 받는 학생들은 학교 진도와 학원 진도가 다를 경우 공부해야 하는 양이 상당히 많아진다. 그런 경우에는 과목별로 학교와 학원에서 배우는 내용을 공부해야 하는 양으로 각각 잡아야 한다. 그리고 어떻게 해서든 배우는 내용은 완벽하게 소화하려고 노력해야 한다.

학원을 다니지만 성적이 오르지 않는 학생들이 의외로 많다. 이 학생들은 평소 학교 공부에 소홀하다가 시험 때가 되어야 몰아서 공부하기 때문이다. 기억은 단기간에 2~3번 반복하는 것으로는 완벽하지 않다. 시험지를 받아서 문제를 풀 때 분명히 본 기억은 있는데 해결을 못하는 경우가 바로 이런 경우다. 좀 더 많은 반복을 했어야 한다.

월간계획을 작성하고 나면 이제 매주 해야 할 분량으로 다시 나눠야 한다. 월간계획을 작성하고 나서 바로 일일계획을 세우다 보면 해야 할 분량이 너무 많은 것 같은 느낌을 받게 되어서 무리를 하게 된다. 따라서 월간계획에서 작성했던 공부의 양을 다시 1주일 단위로 나눠서 중기 계획에 해당하는 주간계획을 작성하는 것이 좋다.

| 3월, 4월 평시 학습 주간계획표 |

과목	기간	범위	공부하는 방법
단어 암기	3주	83~94	1) 매일 새로운 단어 50개(2회분) 2) 복습 단어 5회독 실천 3) 틀린 단어 재복습 = 2주에 1번씩 테스트 4) 매일 단어테스트(새 단어, 5회독째 단어)
	4주	95~106	
	5주	107~118	
	6주	119~130	
문학	3주	p.29~60	1) 교과서 수업 내용 정독 2) 중요내용 암기 3) 단원 마무리 후 자습서 문제풀이 4) 단원별 마인드맵 작성
	4주	p.61~98	
	5주	p.99~123	
	6주	p.124~147	
세계사	3주	p.48~63	1) 교과서 3회 이상 정독 2) 노트 정리 3) 단원 마무리 후 마인드맵 작성
	4주	p.64~85	
	5주	p.94~105	
	6주	p.106~119	
수학	3주	p.27~31	1) 매일 진도 나간 부분 개념정리 2) 교과서, 익힘책, 쎈수학 진도 맞춰서 문제풀이 3) 주말에 틀린 문제 다시 풀어보기
	4주	p.32~36	
	5주	p.37~44	
	6주	p.45~53	
영어	3주	5단원	1) 단원별 주요단어 암기 = 학교 프린트 2) 수업 중 중요내용 매일 노트 정리 3) 주요구문 및 문법사항 암기 4) 단원 마무리 후 자습서 문제 풀기
	4주	5단원	
	5주	9단원	
	6주	9단원	
한국지리	3주	p.16~27	1) 교과서 3회 이상 정독 2) 노트 정리 3) 단원 마무리 후 마인드맵 작성
	4주	p.28~45	
	5주	p.46~59	
	6주	p.60~81	

주간계획을 세우고 나면 이제 단기 계획인 일일계획을 세워야 한다. 각자의 생활 리듬에 따라 매일 잠들기 전에 계획을 세우거나, 아침에 학교에 도착해서 바로 그날 해야 할 분량을 점검해서 정리해야 한다.

일일계획을 세울 때는 하루에 자신이 사용할 수 있는 시간을 확인하는 작업이 꼭 필요하다. 일반적으로 아침 자습 시간, 쉬는 시간, 식사 시간, 오후 자습 시간, 저녁 자습 시간으로 나눠서 어떤 과목을 해야 할지 정하고 그날 해야 할 분량도 표시한다. 중기계획인 주간계획이 작성되어 있기 때문에 일일계획을 작성하는 시간은 10분 정도면 충분하다.

일일계획을 세우고 나면 매 시간 계획한 것을 제대로 실천했는지 표시하면서 하루를 보낸다. 저녁에 공부를 마무리하는 시간이 되면 하루에 자신이 어느 정도 실천했는지 돌아보는 시간을 갖는다.

자신이 예상했던 계획과 실제로 실천했던 시간을 비교하면서 실천이 잘된 부분과 문제가 있었던 부분에 대해서 적어보고 다음에 비슷한 상황이 되었을 때 어떻게 대처를 해야 할지 확인하는 것으로 하루를 마무리한다.

| 오늘 공부 계획과 실천 |

2013년 월 일 ( )

오늘의 다짐				
시간	과목	내용 또는 분량	예상시간	실제시간
아침 자습	종합	당일 수업 예습 또는 단어 암기	30	30
점심 식사	수학	교과서 문제 풀기	15	25
오후 자습	세사, 한지	당일 수업내용 복습하기	50	45
저녁 식사	영어	새로운 단어 암기	15	20
쉬는 시간1	2, 3, 6, 7교시	주요과목 5분 복습	30	
쉬는 시간2	1, 5교시	영어 단어 암기	15	
야간 자습1	문학, 수학	당일 수업 내용 복습	60	
야간 자습2	영어	당일 수업 복습 및 단어 암기	60	
야간 자습3	독서	《수레바퀴 아래서》	30	

메모

Good Point	식사 시간에 별 일이 없어서 학습 시간이 계획보다 많았다.			
Bad Point	오후 수업 시간에 졸려서 집중이 어려웠다.			
취침 시간	23:30	기상 시간	6:20	수면 시간	410
수업 시간	400	자습 시간		기타 시간	
국어		영어	수학	세사	한지
계획항목		실천항목		목표달성률	

    계획을 작성하는 과정에서 가장 중요한 것은 예비 시간을 확보하는 일이다. 일일계획에서는 식사 시간을 예비 시간으로 확보하는 것이 좋다. 학교에서 점심과 저녁을 먹는 경우 배정된 시간이 약 1시간

정도 되는데, 밥을 먹고 남는 30분 정도의 시간 중 15분 정도의 계획만 세우고 나머지는 상황에 따라서 다양하게 활용할 수 있도록 하면 계획대로 실천 못한 것을 쉬는 시간 등에 마무리할 수 있다.

주간계획에서도 예비 시간의 확보는 매우 중요하다. 토요일과 일요일 중 하루는 특별한 계획을 세우지 않고 지내는 시간을 확보해야한다. 확보된 예비시간에는 주중에 해결하지 못한 계획이 있다면 그 계획을 보충하고, 그렇지 않으면 편안하게 할 수 있는 것을 한다. 친구들과 만날 수도 있고, 영화를 보는 것도 좋다.

예를 들면 단어 암기의 경우도 7일간 매일 해야 할 분량을 계획하는 것보다는 6일만 계획을 세우고, 혹시 주중에 갑작스러운 일이 생겨서 실천을 하지 못하게 되면 예비 시간에 해결할 수 있어야 한다.

모든 계획에서 무엇보다 중요한 것은 역시 실천한 후에 피드백을 하면서 계획을 다시 점검하는 것이다. 피드백을 해보면 자신이 무엇때문에 항상 계획을 실천하지 못하고 실패하는지 분명하게 나타난다. 그 문제점을 어떻게 하면 해결할 수 있는지 고민하면서 시간을 보내다 보면 나중에 자기 스스로도 놀랄 정도로 변화된 모습을 보게될 것이다.

Part 4

입시의 핵심은
교과 성적

입학사정관전형이 새로운 입시의 핵심으로 떠오르면서 학생들과 학부모들 사이에서 비교과에 대한 관심이 높아졌다. 언론에서도 입학사정관전형이 마치 대학입시의 전부인 것처럼 보도하면서 각종 교육관련 기관에서는 비교과에 대한 정보를 쏟아내고 있다.

하지만 일부 전형을 제외하면 입학사정관전형에서도 기본적인 교과 성적을 요구하고 있다. 교과 성적을 전혀 반영하지 않는 전형도 있기는 하지만 전체 모집 정원의 5% 미만이다.

그래서 고1을 마무리하는 아들에게 2학년 때는 내신 성적을 위해서 최선을 다할 것을 요구했다. 특히 2014학년도 수능에서는 언어영역은 국어, 수리영역은 수학, 외국어영역은 영어로 변경된다. 이는 학교 교육과 수능의 연계를 더 많이 시킬 것이라는 의미를 갖기 때문에 이제는 내신 준비 따로, 수능 준비 따로 하는 것이 아니다.

다만 중학교까지는 중간고사와 기말고사 범위에만 충실하고 다음 범위를 준비하면 되었지만, 고등학교에서는 중간고사와 기말고사를 마치고 나서도 꾸준히 누적해서 복습하는 것이 더 중요한 공부라는 것을 깨달아야만 한다.

이번 장에서는 본격적으로 각 과목별 학습법에 대해 알아보자.

1

기선을 제압해야 하는
첫 단추, 국어

          대학입시에서 가장 중요한 전형요소는 누가 뭐라고 해도 아직은 수능이다. 그런 수능에서 1교시에 보는 국어는 학생들에게 매우 중요하다. 1교시 국어에서 제대로 실력을 발휘하지 못하고 무거운 마음이 되면 마인드가 약한 학생들은 2교시와 3교시에 보는 수학과 영어에서도 자신의 실력을 제대로 발휘하지 못하는 경우가 많다.

  국어는 워낙 익숙한 과목이다 보니 공부 계획을 짤 때 제대로 시간 배정을 못하는 경우가 많다. 수학이나 영어가 훨씬 어렵고 중요하다는 생각에 항상 최우선으로 시간을 배정하는데, 그러다 보니 국어는 언제나 뒷전으로 밀린다. 또한 대부분의 학생들이 공부를 하지 않아서 그렇지 제대로 공부만 시작하면 국어 성적 정도는 쑥쑥 올라갈 것이라고 믿기도 한다.

그런데 실제 수능에서 국어는 다른 과목에 비해 공부를 해도 실력이 향상되지 않는 경우가 가장 많은 과목이다. 필자는 20여 년간 재수생 학원에서 학생들을 상담해왔는데, 재수를 할까 말까 고민하는 학생에게는 국어 성적을 물어보고, 국어 실력이 부족하면 재수에 대해서 심각하게 다시 고민을 해보라고 조언하기도 한다. 실제 재수를 하면서 가장 성적을 올리기 어려운 과목이 국어라는 것을 오랫동안 보아왔기 때문이다.

수능 문제의 점수 배점은 2013학년도까지는 1점짜리 5문제, 2점짜리 40문제, 3점짜리 5문제였다. 이 배점이 2014학년도부터는 2점짜리 35문제, 3점짜리 10문제로 바뀌게 된다. 즉 3점짜리 고난이도의 문제가 대거 늘어나기 때문에 한 문제를 실수로 틀렸을 때 등수의 변화가 매우 크게 나타날 전망이다.

우측의 2012학년도 수능에서 언어영역과 외국어영역의 3등급과 4등급에 분포하는 학생들을 분석한 자료를 보자. 표준점수 1점당 평균 11,000명 정도가 분포되어 있다. 60만 명이 좀 넘는 학생들이 응시하였기 때문에 1점 당 대략 1.7% 정도의 백분위 변화가 나타난다. 3점짜리 1문제인 경우 약 5% 정도의 백분위가 변하게 되는 것이다.

| 표준점수 1점당 백분위 변화표 |

표준점수	언어				표준점수	외국어(영어)			
	남자	여자	계	누적(계)		남자	여자	계	누적(계)
123	4,967	4,815	9,782	86,795	124	7,083	6,294	13,377	88,743
122	5,217	5,404	10,621	97,416	123	4,271	3,667	7,938	96,681
121	5,308	5,358	10,666	108,082	122	10,917	9,873	20,790	117,471
120	5,477	5,590	11,067	119,149	121	6,504	5,866	12,370	129,841
119	5,634	5,743	11,377	130,526	120	4,212	3,776	7,988	137,829
118	5,672	5,933	11,605	142,131	119	5,666	5,237	10,903	148,732
117	5,700	5,877	11,577	153,708	118	4,675	4,319	8,994	157,726
116	5,844	6,117	11,961	165,669	117	5,323	4,745	10,068	167,794
115	5,977	6,113	12,090	177,759	116	4,986	4,759	9,745	177,539
114	5,876	6,256	12,132	189,891	115	9,725	9,373	19,098	196,637
113	6,088	6,183	12,271	202,162	114	4,253	4,116	8,369	205,006
112	6,099	6,347	12,446	214,608	113	5,344	5,318	10,662	215,668
111	5,938	6,353	12,291	226,899	112	3,802	3,815	7,617	223,285
110	6,152	6,367	12,519	239,418	111	5,469	5,310	10,779	234,064
109	6,080	6,266	12,346	251,764	110	3,720	3,666	7,386	241,450
107	6,300	6,398	12,698	264,462	109	8,981	9,027	18,008	259,458

1점당 평균 인원 11,716   1점당 평균 인원 11,506

언어영역은 지문 1개에 3문제 정도가 세트로 출제되는 것이 문제다. 시간이 모자라서 지문 하나를 풀지 못했을 때 손해를 보아야 하는 점수가 7점 정도가 된다. 이 경우 백분위 변화가 12% 정도가 된다. 3등급의 백분위가 88%부터 77%까지 12%이기 때문에 언어 영역의 경우는 평소 2등급을 받던 학생이 수능 본 시험일에 지문 하나를 실수해서 4등급을 받는 경우가 얼마든지 나타나게 되는 것이다.

그만큼 다른 영역에 비해서 성적의 변화 폭이 큰 영역이기 때문에 성적이 평균적으로 상위권이라 하더라도 성적이 오르락 내리락 변화가 심한 학생은 자신의 문제점을 정확하게 파악해서 보완해야 한다. 성적이 어느 정도 안정적으로 나오지 않으면 수능과 같은 긴장되는 시험에서는 자신의 실력을 제대로 발휘하지 못하는 경우도 많다.

2013학년도까지의 수능에서 언어는 이과 학생들에게 상위권 대학을 갈 때는 꼭 필요한 영역이지만 중하위권 대학을 갈 때는 선택 사항이었다. 중하위권 대학에서는 반영을 하지 않거나 반영을 하더라도 반영 비율이 낮은 경우가 많았기 때문이다.

하지만 2014학년도 수능부터는 국어도 A형과 B형으로 나눠지기 때문에 문과 학생들은 어려운 B형을 선택해야 하고, 이과 학생들은 쉬운 A형을 꼭 선택해야 하는 상황으로 바뀐다. 이제는 선택과목이 아니라 꼭 해야 하는 과목으로 바뀌었기 때문에 모든 계열의 학생들에게 중요한 과목이 되었다.

| 현행 수능과 개편안 비교 |

현행		
언어영역		
수리영역	가형	
	나형	
외국어영역		
탐구영역 (최대 4과 목 선택)	사회 탐구	윤리, 한국지리, 경제, 세계 지리, 경제지리, 한국근현대 사, 국사, 세계사, 법과사회, 정치, 사회·문화(11과목)
	과학 탐구	물리 I, 물리 II, 화학 I, 화 학 II, 생물 I, 생물 II, 지구 과학 I, 지구과학 II(8과목)
	직업 탐구	농업정보관리, 정보기술기 초, 컴퓨터 일반, 수산·해 운정보처리, 농업이해, 농업 기술기초, 공업입문, 기초제 도, 상업경제, 회계원리, 해 양일반, 인간발달, 식품과 영양, 수산일반, 디자인일 반, 해사일반, 프로그래밍 (17과목)
제2외국어·한문영역		

개편(2014학년도)		
기초영역	국어	A형
		B형
	수학	A형
		B형
	영어	A형
		B형
탐구영역 (최대 1과 목 선택)	사회 탐구	지리, 일반사회, 한국사, 세 계사, 경제, 윤리(6과목)
	과학 탐구	생명과학, 물리, 화학, 지구 과학(4과목)
	직업 탐구	농생명산업, 공업, 상업정 보, 가사·실업, 수산·해운 (5과목)
제2외국어·한문영역 1안) 수능에서 분리 2안) 현행 유지		

*자료=교육과학기술부

| 수능 개편안 A형 · B형 비교 |

과목	출제범위(잠정적인 예시)
국어 A형	2009 개정 교육과정에서 제시된 과목당 기본단위(5단위)를 기준으로 10단위 내외에서 출제
국어 B형	2009 개정 교육과정에서 제시된 과목당 기본단위(5단위)를 기준으로 15단위 내외에서 출제
수학 A형	수학 I, 미적분과 통계기본 (2012학년도 수능 '수리 나형'의 출제 범위와 유사)
수학 B형	수학 II, 적분과 통계, 기하와 벡터 (2012학년도 수능 '수리 가형'의 출제 범위와 유사)
영어 A형	국가영어능력평가의 3급 시험 수준과 유사하게 출제
영어 B형	국가영어능력평가의 2급 시험 수준과 유사하게 출제

· A형의 경우 현행 수능의 언어, 수리(나형), 외국어보다 출제 범위는 줄이고 좀 더 쉽게 출제하여 수험 부담을 줄일 수 있도록, 각 시험의 구체적인 출제 범위가 10단위(자율학교 등의 필수 이수 단위) 수준이 되도록 추후 연구 조정 필요
· B형의 경우, 학교에서 가르치는 교과 중심으로 출제하고 현행 수능의 언어, 수리(가형), 외국어와 유사한 난이도 수준의 시험으로 출제하되, 각 시험의 구체적인 출제 범위는 추후 연구 조정 필요
· 영어 시험의 경우 듣기문항 수 확대 : 17문항(34%) → 25문항(50%)
· 교과별 출제내용 및 범위는 각 교과에서 추후 연구 조정 필요

*자료 = 중장기 대입선진화 연구회

이과 진학을 염두에 둔 고1 학생은 '국어가 쉬워진다'는 생각에 안심할 수도 있지만 이는 오산이다. 상위권 학생 사이에서 변별력을 두려면 A형 문제도 생각보다 어려울 수 있다. 현재의 수리 '나'형이 문과생에게 그리 쉽지 않은 것과 마찬가지다.

자신이 다니는 고교에서 배우는 국어 교과도 고려해야 한다. 수능 국어는 문·이과가 공통으로 배우는 국어 교과를 포함해 A형은 문학, 화법과작문, 독서와문법 I 과목, B형은 II 과목 위주로 출제된다.

하지만 현행 교육과정상 대부분의 학교에서 Ⅰ·Ⅱ과목을 모두 가르칠 수는 없는 형편이다. 더구나 검정 교과 체제로 바뀐 이후 국어 교과서를 펴내는 출판사는 줄잡아 20개에 이른다. 국어 B형의 시험을 치르는 학생이라면 7개 국어 교과에 20개 출판사가 출간하는 총 140권의 교과서를 공부해야 하는 셈이다. 이는 실제로 불가능한 분량이다. 때문에 출판사별 교과서를 모두 분석해 공통분모를 바탕으로 제작되는 EBS 교재를 바탕으로 하는 공부가 더욱 중요해질 전망이다.

국어 학습법

· 어휘 · 어법

어휘는 모든 언어의 기본이 되는 부분이다. 그러니 고3까지 아직 시간이 있는 지금 최대한 많은 어휘와 어법을 공부해두면 나중에 많은 도움이 된다.

어휘의 지시적 · 문맥적 · 비유적 의미, 기초적인 한자, 속담이나 고사성어 등의 어휘 관련 내용 및 어문 규범과 문장 · 문단 쓰기, 문맥과 문체 표현 등의 어법 관련 내용에 대해 공부하고, 기초적인 어휘의 의미를 정확하게 습득하고 문장과 문단을 정확하게 구사하면서 글 전체의 내용을 정확하게 이해하는 능력을 기르기 위해 노력하자. 아래와 같은 요소를 중점적으로 하면 좋다.

− 글을 읽을 때 모르는 어휘는 사전을 찾아보거나 문맥을 통하여 의미 파악하기

· 읽기(문학)

문학 파트에서는 주로 고전시가, 고전산문, 현대시, 현대소설, 수필, 희곡이나 시나리오 등이 다뤄진다. 그러므로 평상시 교과서에 수록된 작품을 중심으로 깊이 있는 감상을 해야 하며 교과서 외의 작품들도 폭넓게 읽어 두어야 한다. 아래와 같은 요소들을 중점적으로 하면 좋다.

− 주제 의식, 서술 방식 등에 주의하며 다양한 문학 작품 두루 읽기
− 인물의 성격과 심리, 사건의 진행 과정, 갈등의 본질, 작가의 태도 등을 입체적으로 파악하며 읽기
− 사건과 배경, 작품에 반영된 사회 · 문화적 맥락 등을 전체적으로 파악하며 읽기
− 작품과 작품 비평, 고전문학 작품과 현대문학 작품 등 서로 관련지어 감상하고 문학사 이해하기
− 작품에 나타난 언어의 함축적 의미와 화자의 심정 등을 추측하기
− 작품 속의 상황을 실제 상황과 연계하여 파악하기
− 문학 작품이 주는 효용성을 생각하며 감상하기 등

· 읽기(비문학)

비문학 파트 공부는 인문, 사회, 과학, 기술, 예술, 생활, 언어 등의 다양한 분야의 글을 접하며 대상을 바라보는 시각과 배경 지식을 넓히고, 어휘력을 높이는 것이 중요하다. 주어진 시간 내에 많은 양의 지문을 읽고 문제를 해결해야 하므로, 교과서와 교과서 외의 글을 폭넓게 읽고 다양한 대상과 개념에 익숙해지도록 해야 한다. 아래와 같은 요소들을 중점적으로 하면 좋다.

- 폭넓고 다양한 독서를 통하여 인문, 사회, 과학, 기술, 예술, 생활, 언어 등의 분야에서 다루는 기본 개념이나 대상 이해하기
- 평소 글을 읽을 때 글의 내용을 사실적으로 파악하며 꼼꼼하게 읽는 습관 갖기
- 글에 제시된 정보를 정리하며 읽는 습관 갖기
- 개념적이고 추상적인 글의 내용을 구체적이고 실제적인 상황과 연계하여 이해하기
- 글의 내용, 내용의 전개 방식, 표현의 적절성에 대하여 비판하며 읽기
- 글의 내용과 관련하여 백과사전, 책, 인터넷 등을 활용하여 개념과 기능 파악하기 등

· 쓰기

쓰기 파트 공부는 내용의 생성과 조직, 표현, 고쳐 쓰기 등 글쓰기의 과정과 기본 원리를 이해하고, 정보 전달, 설득, 친교, 정서 표현 등 다양한 목적의 글쓰기에 맞게 내용을 생성 · 조직 · 표현하며, 교

정할 수 있는 능력을 갖추어야 한다. 아래와 같은 요소들을 중점적으로 하면 좋다.

- 주어진 자료를 해석하고 내용을 생성하여 창의적으로 표현하기
- 글에서 맞춤법, 표준어, 띄어쓰기 등 어문 규범에 맞지 않은 것을 찾아 고쳐 쓰기
- 주제와 관련된 내용들을 다양하게 생성하고 통일성 있게 정리, 주제에 적합한 자료들을 여러 가지 매체에서 수집하여 조직하기
- 글을 읽고 표현의 적절성을 판단하며 고쳐 쓰기
- 글의 개요를 논리적으로 구성하고 평가하기
- 관점이나 표현 방식이 다른 글을 읽고 글의 효과 분석하기 등

· 듣기

듣기 영역의 학습에서는 다양한 유형의 음성 언어 자료를 듣고 내용을 사실적, 추론적, 비판적, 창의적으로 이해하고 판단하는 능력을 길러야 한다. 듣기 파트에서는 음성 언어 자료를 바탕으로 학생의 듣기 능력을 측정한다. 음성 언어 자료는 일회성이 있으므로 집중하여 들어야 하며 담화 상황에 대한 판단력이 중요하다. 아래와 같은 요소들을 중점적으로 하면 좋다.

- 일상 대화, 토의, 토론, 광고, 뉴스, 강연 등을 폭넓게 접하면서 내용을 사실적, 추론적, 비판적, 창의적으로 이해하기
- 듣는 내용이나 목적에 따라 중요한 내용을 정리하거나 메모하며 듣는 습관 갖기

- 듣는 내용을 바탕으로 생략된 내용이나 이어질 내용을 추론하며 듣기
- 화자의 입장, 관점, 의도를 파악하며 듣기
- 화자가 제시하는 주장이나 근거, 내용의 전개 방식이 적절한지 비판하며 듣기
- 화자의 말하기에 나타나는 특징을 파악하며 듣기
- 화자의 말하기가 어법과 맥락에 맞는지 평가하며 듣기 등

2
상위권 대학으로 가는
지름길, 수학

　　　　　최근 수능 수학은 과거보다는 상당
히 쉽게 출제되고 있다. 하지만 아직도 수학은 수능 과목 중에서 평
균 점수가 가장 낮은 영역이다. 그러다 보니 만점자의 표준점수가 가
장 높게 나오고, 같은 1등급이라도 점수 차이가 많이 난다.

　백분위는 자신의 위치를 나타내는 점수라고 생각하면 된다. 만약
백분위가 96이라면 전체 학생 중에서 자기가 상위 5%에 들었다고 보
면 된다. 만점자의 백분위는 100이다. 다만 시험이 너무 쉬워서 만점
자가 전체 응시자의 2%를 넘게 되는 경우 만점자의 백분위가 99가
되기도 한다. 백분위는 동점자의 경우는 중간값을 쓰고 소수 첫째 자
리는 반올림해서 정수로 사용한다.

　표준점수는 평균값이 100점이 되는 상대적인 값이다. 시험마다
난이도가 다르기 때문에 원점수는 변화가 크다. 그렇기 때문에 평균

값을 100점으로 정하고 자신이 얻은 원점수가 평균값에서 얼마나 멀리 떨어져 있는지를 표준화시킨 점수가 표준점수다. 수능에서는 만점자의 원점수는 100점이기 때문에 평균이 낮은 과목은 만점자의 표준점수가 높아지게 된다. 그래서 지금까지는 일반적으로 만점자의 표준점수는 국어가 가장 낮고, 수학이 가장 높은 경향을 보였다.

상위권 대학들은 대부분 전형에 표준점수를 반영한다. 중위권 대학에서 백분위 점수를 반영하는 것과는 다른 경향이다. 따라서 수학에서 높은 성적을 받지 못하면 최상위권 대학을 진학하는 것이 매우 어려워진다.

| 영역별 표준점수와 백분위 변환 표 |

영역	언어영역				수리 가형				수리 나형				외국어영역			
시기	2012		2011		2012		2011		2012		2011		2012		2011	
점수 구분	표준 점수	백분 위	표준 점수	백분 위	표준 점수	백분 위	표준 점수	백분 위	표준 점수	백분 위	표준 점수	백분 위	표준 점수	백분 위	표준 점수	백분 위
만점자	137	100	140	100	139	100	153	100	138	100	147	100	130	100	142	100
1등급	131	96	129	96	130	96	132	96	135	96	139	96	128	96	132	96
2등급	124	89	125	89	124	89	124	89	129	89	129	89	125	89	125	89
3등급	117	77	116	77	117	77	116	77	119	77	117	77	119	77	117	77

| 수도권 주요 대학별 수능 반영 점수(국영수 기준, 2012학년도 기준) |

반영 점수	표준점수	백분위
상위권 대학	서울대, 연세대, 고려대, 서강대, 성균관대, 한양대, 중앙대, 경희대, 한국외대, 서울시립대, 건국대, 동국대, 인하대, 아주대, 서울교대	이화여대, 홍익대, 숙명여대, 경인교대
중하위권 대학	가톨릭대, 광운대, 대진대, 상명대, 세종대, 차의과대, 한국항공대	가천대, 강남대, 경기대, 국민대, 단국대, 덕성여대, 동덕여대, 명지대, 삼육대, 서경대, 서울과학기술대, 서울여대, 성결대, 성공회대, 성신여대, 수원대, 숭실대, 안양대, 용인대, 을지대, 인천대, 총신대, 한경대, 한국산업기술대, 한성대, 한세대, 한신대

특히 난이도가 높은 시험에서 수학의 위력은 더욱 커진다. 백분위는 만점을 받아도 최고 100점이고 1등급 커트라인은 거의 96점이다. 결국 4점 차이 밖에 나지 않게 되지만 표준점수인 경우는 좀 다르다. 난이도가 높았던 2011학년도 수능에서는 만점자와 1등급 커트라인에 턱걸이로 올라선 학생과의 차이가 최대 21점에서 최소 8점까지 났다.

최상위권 대학에 진학하고자 할 때 수학을 못하는 경우에는 다른 영역에서 만회하기가 어렵다. 반대로 수학을 탁월하게 잘하는 경우에는 국어나 영어 성적이 조금 나쁘더라도 충분히 만회가 된다. 물론 최근에는 수학의 난이도가 낮은 편이라 그 영향력은 많이 떨어진 편이다.

입시를 앞둔 학생과 학부모들은 일반적으로 이과에서만 수학의 반영 비율이 높을 것이라 생각하는데, 생각과는 달리 최근 최상위권 대학에서는 인문계열의 수학 반영 비율도 높이고 있다. 또한 중위권 대학에서도 경상계열 학과에서 수학의 반영 비율이 높아지는 경향이 있다.

| 상위권대학 수능 영역별 반영 비율(인문계열, 2012학년도) |

대학명	모집단위	언어	수리	외국어	탐구
서울대	인문계열	22.2	27.8	22.2	22.2
연세대	인문사회계열	28.6	28.6	28.6	14.2
고려대	인문계열	28.6	28.6	28.6	14.2
서강대	경제학부, 경영학부	25	30	30	15
서강대	인문계열(경제학부, 경영학부 제외)	27.5	27.5	30	15
성균관대	인문계열	30	30	30	10
한양대	상경계, 인문계열	30	30	30	10
이화여대	인문계열	30	20	30	20
중앙대	인문계열(공공인재학부 제외)	30	30	30	10
중앙대	공공인재학부	30	20	30	20
경희대	인문2그룹	25	30	30	15
경희대	인문1그룹(국문, 사학, 철학, 영어학부)	30	25	30	15
한국외대	인문계열	25	25	40	10

대학명	모집단위	언어	수리	외국어	탐구
서울대	자연계열	23.5	29.5	23.5	23.5
연세대	자연계열	20	30	20	30
고려대	자연계열(2013학년도 변경)	20	30	20	30
서강대	자연계열	20	30	27.5	22.5
성균관대	자연계열(우선선발) - 의예과 제외		50		50
성균관대	자연계열(일반선발)	20	30	20	30
한양대	자연계열	20	30	30	20
한양대	자연계열(우선선발) - 20%		50		50
이화여대	자연과학대학, 공과대학	25	30	25	20
이화여대	사범대학(자연계열)	25	30	25	20
이화여대	간호, 식품영양, 보건관리	(40)	35	(40)	25
중앙대	자연계열	20	30	30	20
경희대	자연계열(지리,식영,간호 제외)	20	30	20	30
경희대	지리학과, 식품영양학과, 간호학과	25	30	30	15

| 상위권대학 수능 영역별 반영 비율(자연계열, 2012학년도) |

이과에서 수학의 비중은 절대적이다. 거의 모든 상위권 대학에서 반영 비율이 30% 이상이기 때문에 수리영역에서의 고득점은 상위권 대학을 진학할 때 절대적인 위력을 발휘한다.

문과를 지원하는 학생들 우선순위가 수학에 있지 않기 때문에 국어와 영어 성적을 먼저 확보하는 것이 필요하다는 것도 명심해야 한다. 문과는 문과답게 전략적으로 공부해야 하는데 그렇지 못한 경우가 종종 있다.

문과가 상위권 대학을 가기 위해서는 수학이 중요하지만 국어와 영어 성적도 좋아야 한다는 것을 잊지 말자. 국어와 영어 성적이 2등급 정도가 되지 않으면 수학 성적이 아무리 좋아도 상위권 대학을 가기는 힘들다. 수학 성적을 올리는 것이 국어와 영어 성적을 올리는 것보다 우선시 되어서는 안 된다.

수능을 본 후 국어와 영어 성적이 생각보다 좋지 않은데 수학 성적만 좋다면 이과로 교차 지원하는 방법도 있다. 하지만 그동안 문과를 목표로 삼았던 학생이 이과계열 대학에 마음에 드는 학과가 있을지는 의문이다.

수학 학습법

학생들이 보는 시험에는 언제나 명확한 답이 있다. 특히 수능은 수많은 전문가들이 참여해서 문제를 검증하기에 오류가 거의 없다. 학생들은 문제를 대할 때 이 문제가 학습의 어떤 부분을 평가하고자 하는지를 생각하면서 접근하면 문제를 해결하는데 조금 더 용이하다. 수학 교과에서 평가하고자 하는 부분은 크게 네 부분이다.

· 계산 능력
계산 능력은 연산의 기본 법칙이나 성질을 적용하여 주어진 식을 간단히 하는 능력, 수학의 기본적인 공식이나 계산법을 적용하는 능력, 수학의 전형적인 풀이 절차(알고리즘)를 적용하는 능력을 의미한다.

연산의 기본 법칙이나 성질을 적용하여 주어진 식을 간단히 정리하기, 수학의 공식이나 계산법 적용하기, 방정식이나 부등식의 풀이, 극한값 계산, 미분법, 적분법 등이 이 영역에 속한다.

· 이해 능력

이해 능력은 문제에서 주어진 수학적 용어, 기호, 식, 그래프, 표의 의미와 관련 성질을 알고 적용하는 능력, 주어진 문제와 관련된 수학적 개념을 파악하고 적용하는 능력, 교과서에 나오는 기본 예제나 정형화된 응용문제를 해결하는 능력, 주어진 문제 상황을 수학적으로 표현하는 능력, 수학적 표현을 다른 표현으로 바꾸어 표현하는 능력을 의미한다.

수학의 기본 개념·원리·법칙 및 그와 관련된 사항의 의미 알기, 제시된 문제를 수학 용어, 기호, 그래프 등을 사용하여 수학적으로 표현하기, 주어진 문제 상황을 해석하고 정리하는 수단이 되는 수학적 개념 파악하기, 주어진 문제 상황에서 적절한 개념과 부적절한 개념의 속성 구별하기, 개념의 다양한 표현법을 알고 문맥에 맞게 자유롭게 교환하여 사용하기, 개념의 다양한 의미 파악하기 등이 이 영역에 속한다.

· 추론 능력

추론 능력은 발견적 추론 능력과 연역적 추론 능력으로 구분된다.

발견적 추론 능력은 나열하기, 세어보기, 관찰 등을 통해 문제해결의 핵심 원리를 발견하는 능력, 유추를 통해 문제해결의 핵심 원리를 발견하는 능력을 의미한다. 연역적 추론 능력은 수학의 개념·원리·법칙을 이용하여 참인 성질을 이끌어 내거나 주어진 명제의 참·거짓을 판별하는 능력, 주어진 정의를 이해하고 참인 성질을 이끌어 내는 능력, 반례를 들어 주어진 명제가 거짓임을 판단하는 능력 등을 의미한다.

연역적 추론 능력의 대표적인 것이 증명 능력으로 조건 명제의 증명, 삼단논법에 의한 논리적 추론, 반례에 의한 증명, 모순법, 동치 명제의 증명, 수학적 귀납법에 의한 증명 등을 이해하는 능력과 주어진 증명을 읽고 결론을 도출하는 능력이다.

추론 능력에 대한 평가는 문제 풀이 과정에 대한 직접적인 관찰이 필요하고 5지선다형이나 단답형 문항으로는 평가하기 어려우므로, 문제해결에서 추론적 사고가 결정적인 요인이 되는 문제를 통해 간접적으로 추론 능력을 평가한다. 증명 능력은 증명 과정을 응시자가 직접 제시하도록 할 수 없으므로 증명 과정을 이해하는 능력으로 대체하여 평가한다.

· 문제해결 능력

문제해결 능력은 수학 내적 문제해결 능력과 수학 외적 문제해결 능력으로 구분된다. 수학 내적 문제해결 능력은 두 가지 이상의 수학적 개념·원리·법칙의 관련성을 파악하고 종합하여 문제를 해결하는 능력, 두 단계 이상의 사고 과정을 거쳐서 문제를 해결하는 능력을 의미한다. 수학 외적 문제해결 능력은 실생활 상황에서 관련된 수학적 개념·원리·법칙 등을 파악하고 이를 적용하여 문제를 해결하는 능력, 타 교과의 소재를 사용한 상황에서 관련된 수학적 개념·원리·법칙 등을 파악하고 이를 적용하여 문제를 해결하는 능력을 의미한다.

문제해결 능력은 학생 스스로 문제에 포함된 원리를 발견하고 종합·적용하는 비정형적인 문제, 두 가지 이상의 수학적 개념·원리·법칙을 종합적으로 적용하는 통합형 문제, 두 단계 이상의 사고 과정을 거쳐 해결하는 문제, 실생활 상황이나 타 교과 소재를 사용한 상황에서 이와 관련된 수학적 개념·원리·법칙 등을 파악하고 수학화하여 해결하는 문제 등을 이용하여 평가한다.

· 수학 학습 방법

수학 교과를 공부할 때는 위의 네 가지 능력을 시험하기 위해 문제가 구성되어 있다는 것을 항상 염두에 두면서 문제를 풀자. 공부를 할 때는 아래와 같은 요소들을 중점적으로 하면 좋다.

- 수학의 기본 개념, 원리, 법칙을 종합 정리하기 위하여 교과서 차례를 보고 각 절에서 학습한 내용을 회상·확인·보충하기
- 문제 상황과 관련된 수학적 개념, 원리, 법칙을 찾아보고, 문제 상황을 재조직하여 수학적 개념, 원리, 법칙과 관련짓기
- 기본적인 계산 원리와 계산법을 이해하고 적용하기

- 전형적인 문제해결 절차인 알고리즘을 이해하고 적용하기
- 수학적 기본 개념, 원리, 법칙의 의미를 이해하고 수학적 언어(용어, 기호, 식, 표, 그래프 등)로 표현하기
- 수학적 언어(용어, 기호, 식, 표, 그래프 등)의 의미를 이해하고 서로 변환하여 표현하기
- 상황을 단순화하거나 특수화, 체계적인 정리, 열거, 관찰 등을 통하여 유사성을 유추하여 규칙성 찾아보기
- 주요 원리나 법칙, 공식 등을 연역적으로 추론하는 방법을 이해하고 연역적으로 추론하기
- 일반적인 성질로부터 특수한 성질을 연역해 보고 반례 찾아보기
- 수학의 다양한 증명 방법을 익히고 스스로 수학적 명제 증명하기
- 주어진 증명에 사용된 수학적 원리와 논리를 확인하고 이해하기
- 문제 상황을 분석하여 관련된 모든 수학적 개념, 원리, 법칙을 찾아보고, 그것의 의미와 관련 성질을 확인하고 종합적으로 적용하기
- 그림 그리기, 기호 사용하기, 표 만들기, 규칙성 찾기, 단순화하기, 식 세우기, 거꾸로 풀기, 논리적으로 추론하기, 반례 들기, 일반화하기, 특수화하기, 추측과 확인·수정하기 등과 같은 문제해결 전략을 익히고 다양한 문제 상황에 적용하기
- 문제를 풀고 난 뒤에는 전체 풀이 과정을 종합적으로 점검하고 핵심 내용 정리하기
- 주어진 문제를 변형하거나 발전시킨 새로운 문제를 스스로 만들고 해결하기

- 수학의 여러 가지 개념, 원리, 법칙 사이의 관련성, 수학의 여러 가지 표현 사이의 관련성 등 이해하기
- 여러 가지 수학적 개념, 원리, 법칙이 복합적으로 자주 사용되는 관련 학습 내용을 파악하여 문제 풀기
- 다른 교과 내용이나 생활 속에서 수학적 개념이 활용되는 소재 찾아 보기
- 실생활 문제를 수학적으로 관찰, 분석, 조직, 생각하기

· 고등학교 수학 학습 방법

수학은 초등학교 6년, 중학교 3년, 고등학교 3년의 연계 체제가 다른 교과목보다 더 긴밀하게 짜여 있는 과목이다. 고등학교 수학은 대부분 중학교에서 배운 내용의 심화과정이다. 특히 집합, 명제, 다항식, 인수분해, 약수, 배수, 방정식, 부등식, 함수, 경우의 수 등이 더욱 그렇다. 따라서 고1로 진학하는 지금 이 시기에는 새로운 고등학교 수학을 선행으로 공부하기보다는 중학 수학을 다시 한 번 꼼꼼하게 정리하는 것이 좋다. 고등 수학은 결국 중학 수학의 연장이기 때문이다.

요즘은 수학 참고서도 수준별로 다양하게 나와 있으니 자신의 수준에 맞는 참고서로 공부하는 것이 좋다. 하위권의 학생이 공부를 잘하고 싶다는 욕심만으로 전교 1등이 보는 참고서를 따라서 보며 해답지를 달달 외우는 공부로는 실력도 늘지 않고 성적도 오르지 않는다. 그런 방법이 중학 수학에서는 통했을지 몰라도 고등 수학은 중학

수학과는 다르다.

고등 수학은 개념에 대한 정확한 이해가 핵심이기에 기초부터 탄탄하게 다지는 과정이 필요하다. 자신의 현 상태를 직시하고 자신의 수준에 맞는 참고서로 공부하자. 수준별 참고서에 대한 정보가 없으면 학교 선생님께 조언을 부탁하면 된다.

수학 공부는 매일 꾸준히 해야 한다. 벼락치기로 하거나 1달 중에 1주일간 집중적으로 공부를 한다고 해서 실력이 늘지 않는다. 어렸을 때 눈ㅇ이 수학이나 빨ㅇ펜 등의 학습지로 공부를 한 학생들이 있을 것이다. 이러한 학습지들은 하루에 풀어야 하는 분량이 정해져 있는데, 어렸을 때부터 매일 수학 문제를 풀어서 수학적 사고를 키우기 위한 연습인 것이다.

고등학생이 되고, 후에 성인이 된다고 해서 사람의 뇌가 갑자기 달라지지는 않는다. 공부는 반복이 가장 중요하고, 특히 수학은 꾸준함이 가장 중요한 요소다. 1주일에 10시간을 수학 공부하는 계획을 짰다면 토요일, 일요일에 몰아서 하지 말고, 매일 오전/오후로 나눠서 30분씩이라도 꾸준히 공부하는 게 더 좋다.

틀린 문제에 대해서는 오답 노트를 만들고, 자신이 그 문제를 왜 틀렸는지 원인을 파악한 후에 꾸준하게 반복적으로 풀어보는 게 실력향상에 많은 도움이 된다.

이렇게 기본을 탄탄하게 쌓은 후에는 속도에 대한 연습도 해야 한다. 혼자 공부할 때는 시간에 대해 신경 쓰지 않고 문제를 풀지만, 학생의 실력을 검증하는 시험에서는 제한 시간이 있기 때문에 한 문제에 너무 많은 시간을 쓰면 뒷부분의 아는 문제를 풀 시간이 없어서 허겁지겁 계산을 하다 실수를 하거나, 아예 문제조차 읽을 시간이 없을 수도 있다. 이런 상황을 방지하기 위해 기본 개념에 대한 이해가 끝난 후에는 문제를 반복적으로 풀면서 시간 단축에도 신경을 써야 한다.

3
작은 실수도 없어야
하는 과목, 영어

영어는 문과나 이과 모두에게 중요한 과목이다. 특히 난이도에 따라서 A형과 B형으로 나뉘는 2014학년도 수능부터는 더욱 중요한 과목이 된다.

2014학년도 수능부터는 국어와 수학은 계열에 따라서 A형과 B형이 정해지게 된다. 문과의 경우는 국어 B형, 수학 A형을 보게 되고, 이과의 경우는 국어 A형, 수학 B형을 보게 된다. 하지만 영어는 계열보다는 자신의 수준에 따라서 응시를 해야 하는 과목이 된다.

상위권 대학을 진학하고자 하는 학생들은 난이도가 높은 B형을 응시해야 하는데 중하위권 학생들이 난이도가 쉬운 A형으로 빠져 나가게 되면 B형은 상위권 학생들끼리 경쟁하는 모양새가 된다.

물론 고3이 될 때까지는 대부분의 학생들이 상위권 대학을 가고 싶어 하기 때문에 영어도 B형을 준비하는 학생들이 많을 것이다. 하지만 막상 고3이 되어서 B형에서 성적이 제대로 나오지 않는 경우에 계속 B형을 고집하기는 어렵다. 따라서 영어 성적이 좋지 않은 학생들은 B형에서 A형으로 옮겨가는 경향이 나타날 것이다. 그러면 결국 B형에는 상위권의 학생들만 남게 되어 1점으로도 백분위의 변화가 매우 크게 나타날 수 있기 때문에 완벽하게 준비하지 않으면 낭패를 보기 쉽다.

난이도가 낮았던 2013학년도 수능에서 영어는 100점 만점에 98점이 되어야 1등급을 받을 수 있었다. 3점짜리 1개를 틀리거나 2점짜리 2개를 틀렸을 때는 2등급이 되었다. 원점수로 90점을 받아도 겨우 3등급이 되는 경우가 나타났다. 2014학년도 수능에서 영어 B형의 경우 비슷한 상황이 나타날 것으로 보인다.

따라서 영어 공부를 할 때는 완벽하게 공부해서 실수로 틀리는 경우나 시간이 부족해서 틀리는 문제가 나타나지 않도록 세심하게 준비해야 한다. 시험 결과가 운에 따라 결정되는 것은 문제가 있지만 현재 수능이라는 시험에서는 실수도 실력으로 인정되기 때문에 준비를 하는 과정에서 철저하게 하는 수밖에 없다.

| 외국어영역 도수분포(2012학년도) |

등급	표준점수	급간인원	누적인원	백분위	추정 원점수
	130	17,049	17,049	99%	100
1등급	129	67	17,116	97%	99
	128	24,546	41,662	95%	98
	127	12,038	53,700	93%	97
2등급	126	12,517	66,217	91%	96
	125	9,149	75,366	89%	95
	124	13,377	88,743	87%	93
	123	7,938	96,681	85%	92
	122	20,790	117,471	83%	90
3등급	121	12,370	129,841	81%	88
	120	7,988	137,829	79%	87
	119	10,903	148,732	78%	86

영어 학습법

· 어휘

기본적인 어휘 학습을 충실히 할 필요가 있다. 사전을 전부 외울 수는 없는 일이니, 모르는 단어는 문맥을 통해서 어휘의 의미를 유추하는 연습이 필요하다. 단문이나 장문을 읽을 때 모르는 어휘가 많지 않을 때에는 사전을 찾기보다 문맥 속에서 그 의미를 유추해 보도록 한다. 그 과정을 거쳐서 글을 다 읽은 후 그 어휘의 의미를 사전에서 확인하여 정확한 의미를 파악하는 것이 중요하다. 이러한 방법도 한 문장 혹은 한 문단 안에서 한 단어 정도를 모를 때만 가능한 방법이니 기본적인 어휘 학습을 게을리 해서는 안 된다.

· 문법성 판단

맞는 문법인지 틀린 문법인지를 알려면 문장 구조에 대한 기본적인 지식이 있어야 한다. 학교 수업 시간에 교과서를 통해서 배우는 기본적인 문법 항목을 충실히 학습하고, 글의 전체 맥락 속에서 어법의 적절성 여부를 판단하는 능력을 키우자.

· 읽기

단문이나 장문을 읽고 세부 사항을 파악하는 능력과 전체적인 대의를 추론하는 능력이 필요하다. 공부를 할 때는 아래와 같은 요소들을 중점적으로 하면 좋다.

- 제시된 지문에 나타난 정보를 바탕으로 하여 추론할 수 있는 내용이 무엇인지 알아보고 다양한 각도에서 지문을 분석한다.
  (예: 주제는 무엇인가, 등장인물은 누구인가, 필자의 심정은 어떠한가, 행동의 이유는 무엇인가, 글의 소재는 무엇인가, 글의 전개 방식은 어떠한가, 모르는 어휘 중에서 문맥을 통해서 추론할 수 있는 어휘는 어느 정도인가? 등)
- 글의 전체 흐름을 파악하기 위해서는 각 문장과 문장 사이의 연결 매개체로서 사용되는 대명사에 주목할 필요가 있다. 각 문장에서 등장하는

대명사(혹은 지칭어구)가 가리키는 대상을 분명히 파악하면 글의 흐름을 파악하는 데 큰 도움이 된다.

- 글의 분위기를 파악하기 위해서는 분위기나 심경을 나타내는 어휘를 익히고, 글을 읽으면서 주인공이나 사건 및 배경에 대한 묘사를 살펴보도록 한다. 또한 지문에 제시된 특정 단어만으로 성급하게 추론하지 않도록 주의해야 한다.

- 지문의 일부가 생략된 부분을 완성하는 문항의 경우(빈칸 완성 유형) 글을 정독하고, 파악한 주제나 요지와 관련하여 그 내용을 추론하도록 한다.

- 문장과 문장의 논리적인 흐름을 정확히 파악하기 위해서는 주요한 접속사나 연결 어구에 대한 지식을 배양해야 한다.

- 주제, 요지, 제목 등 글의 대의를 추론하는 문항의 경우 문단의 첫 문장을 읽으면서 추측하되 끝까지 정독을 하면서 처음에 추측했던 내용이 맞는지 확인하는 연습이 필요하다.

- 긴 글을 빨리 읽고 전체적인 대의와 세부적인 내용을 파악하는 훈련이 필요하다. 또한 공통적인 요소를 지닌 단락을 비교·분석해서 종합적으로 이해하는 훈련이 필요하다.

- 지문에서 다루는 소재는 과학, 음악, 문학, 실용문, 시사 등 다양한 분야에 분포되어 있다. 따라서 평소에 다양한 소재의 글을 읽고 이해하는 연습이 필요하다.

· 쓰기

문장과 문장의 논리적 흐름을 파악하는 능력, 문단 내용을 문장으로 요약하는 능력이 필요하다. 공부를 할 때는 아래와 같은 요소들을 중점적으로 하면 좋다.

- 문단의 내용이 논리적으로 전개되고 있는지 파악하는 연습이 필요하다. 특히 글의 흐름이 단절되거나 전환되는 부분에 주의하도록 한다.
- 읽기와 마찬가지로 주요한 접속사와 연결 어구, 지시어, 대명사 등에 대한 학습을 해야 한다. 이러한 문장 성분이 글의 흐름을 이해하게 하고 논리적으로 구성하는 데 도움이 된다.
- 시간의 흐름, 내용의 일관성, 글의 전개 방식에 따라 불필요한 정보나 문장을 삭제하고 필요한 정보와 문장을 추가하는 연습이 필요하다.
- 문단의 주제나 요지 등 대의를 파악하여 영어로 표현하는 연습이 필요하다.

· 듣기

대화나 담화를 듣고 전체적인 내용을 이해 · 추론하고, 세부 내용을 파악하는 능력이 필요하다. 공부를 할 때는 아래와 같은 요소들을 중점적으로 하면 좋다.

- 듣기 자료를 처음 들을 때는 전체적인 흐름을 파악하는 데 집중하고, 반복 훈련 과정을 통해 처음에는 듣지 못했던 세부적인 내용을 파악하도록 한다.
- 주제, 주장, 화자의 심정, 목적, 대화가 일어나는 장소 등을 추측하는

연습을 한다.

- 듣기 지문에서 묘사하고 있는 사람, 사물, 사건 등을 정확하게 파악하고 기억하도록 하며, 기억력에 한계가 있으므로 중요한 세부사항은 필기를 하면서 듣도록 한다.

- 제시된 숫자를 기억하는지 묻거나, 혹은 숫자를 기록한 후 계산하는 과정을 거쳐야 할 때가 있다는 것을 명심한다.

- 대화나 담화가 일어나는 상황을 미리 예측해 보고 사용할 수 있는 표현들을 미리 회상해 보도록 한다.

- 교육과정에 나오는 다양한 의사소통 기능(communicative function)에 대해 학습한다. 또한 다양한 의사소통 상황에 사용되는 전형적인 표현과 어휘들을 익혀둔다.

- 듣기 훈련 중 잘 들리지 않는 부분이 많이 있을 때는 받아쓰기를 하면서 듣지 못한 단어나 구, 혹은 문장을 듣거나 유추해 보도록 한다. 반복 청취가 중요하며 듣기 훈련의 마지막 단계에 가서는 반드시 대본(script)을 확인해 보도록 한다.

· 말하기

대화나 서술문을 듣고 화자가 할 말을 실제 의사소통 상황에서 추론, 표현하는 능력이 필요하다. 공부를 할 때는 아래와 같은 요소들을 중점적으로 하면 좋다.

- 교육과정이나 교과서의 단원 목표에서 제시하고 있는 의사소통에서의 중요한 표현들을 익혀야 한다.

(예: 친교 활동, 일상의 정보 교환, 동의나 반대, 확신 등의 지적 태도 표현, 감정 표현, 사과나 변명과 같은 도덕적 태도 표현, 설득과 권고, 길 안내, 물건 사기, 음식 주문하기, 전화 받기 등과 같은 문제 해결에 필요한 대화의 주요 표현)

- 듣기 영역과 마찬가지로 화자 사이의 관계, 주제, 대화가 일어나는 장소, 시간, 화자의 심정 등과 같은 전체적인 흐름을 파악하는 연습이 필요하다.
- 다양한 대화문을 접하고 마지막 부분을 생략한 후 그 부분을 표현하는 연습과 다양한 상황을 가정해서 스스로 대화를 구성해 보는 연습을 한다.

4
교과서와 노트 정리가
중요한 사회

사회 교과는 역사, 지리, 일반사회의 3개 과목군으로 나눌 수 있다. 역사 과목군에는 한국사, 동아시아사, 세계사, 지리 과목군에는 한국지리, 세계지리가 있다. 일반사회 과목군에는 법과 정치, 경제, 사회문화, 생활과 윤리, 윤리와 사상이 있다.

한국사는 고1 때 배우는 과목으로 과거의 국사와 근현대사를 통합한 과목으로 내용이 상당히 많다. 학교에 따라서 주당 6시간까지 배정해서 수업을 한다. 2013학년도까지 서울대에서 국사를 필수과목으로 지정했기 때문에 상위권 학생들이 주로 국사를 선택했는데, 한국사는 국사보다도 내용이 늘었기 때문에 학생들이 수능에서 선택하기 쉽지 않을 것이다. 한국사도 서울대에서 필수로 지정하면 역시 상위권 학생들이 대거 응시하게 될 것이다.

그 외에 나머지 과목들은 2학년과 3학년 때 배우는데 학생들이 선택할 수 있기 때문에 자신이 잘할 수 있는 과목을 신중하게 살펴보는 과정이 필요하다. 수능에서 2과목만 응시하면 되므로 3학년 때 배우는 과목을 수능에서 선택한다면 가장 좋지만 학생들의 선호도가 과목마다 다르기 때문에 2학년 때 배운 과목으로 수능에 응시하기도 한다. 이때는 3학년 내신 준비와 수능 준비가 다르게 되어 부담스러울 수 있다.

사회 학습법

· 사회 과목 공통 학습법

사회 과목은 내신과 수능 대비 모두에서 교과서의 중요성이 가장 큰 비중을 차지하는 과목이다. 공부할 때는 교과서 내용의 핵심 개념과 원리 이해에 중점을 두도록 한다. 그리고 사회탐구 영역의 내용은 인간 사회의 현상을 주요 대상으로 함을 인식하고 평소 사회 현상과 시사적인 문제에 관심을 기울이는 노력이 필요하다. 공부를 할 때는 아래와 같은 요소들을 중점적으로 하면 좋다.

- 교과서의 단원별 목표와 주요 개념을 요약 정리해 보기
- 교과서에 제시된 통계, 도표, 지도, 연표, 그림 등을 해석하기
- 사회탐구의 일반적 절차인 문제 인식 및 정의 → 가설 수립 → 가설 검증(증거자료 수집 및 분석) → 결론 도출 및 일반화의 의미 파악하기

- 통계, 도표와 지도 등의 작성 원리와 과정 등을 이해하고, 실제로 다른 원자료(raw data)를 활용하여 직접 만들어 보기
- 통계 자료의 의미를 해석하고, 규칙성과 경향성을 파악하여 예측해 보기
- 여러 사실과 개념 등을 단순히 암기하지 말고 서로 관련지어 이해하기
- 주요 개념이나 원리를 다른 사례에 적용해 보기
- 언론 매체에서 지리, 역사, 정치, 경제, 사회, 가치 등에 대한 기사를 읽고 의미 파악하기
- 현재의 가치 및 사회 현상이나 시사적인 문제의 의미를 파악하고, 학습한 내용과 탐구 절차를 적용하여 대처 방안 찾아보기

· **윤리**(윤리와 사상 + 생활과 윤리) **학습법**
- 교과서의 핵심 개념 및 원리를 이해하고 이를 실제 상황에 적용해 보기
- 다양한 읽기 자료를 통해 교과서의 관련 개념이나 원리를 도출해 보기
- 교과서에 제시된 윤리 사상을 이해하고 이러한 사상이 우리에게 주는 시사점 파악하기
- 여러 차원에서 제기되는 다양한 윤리 문제를 진단하고 이에 적절히 대처하는 방안 찾아보기
- 실생활의 가치 갈등 사례를 교과 내용에 적용해 보는 훈련을 위해 신문 등의 보도자료를 분석하고 평가하기

· **역사**(한국사, 동아시아사, 세계사) **학습법**
- 교과서를 중심으로 정치, 경제, 사회, 문화 분야의 핵심적인 사건, 제도

의 실시 배경, 내용, 영향 등을 정치·사회 세력의 동향에 유의하면서
전후 시대와 관련지어 주제별로 정리하기
- 세계사는 각 지역별로 전개되는 중요한 사실을 고르게 이해하면서, 대
표적인 역사적 자료와 관련지어 정리하고 지도나 도표화해서 해석해
보기

· **지리(한국지리, 세계지리) 학습법**
- 여러 가지 현상을 지리학의 기본 개념이나 법칙에 근거하여 이해하기
- 지리적 정보를 담은 지도나 도표를 분석하여 변화된 내용을 파악하기
- 인간 생활의 모습을 자연 환경 및 인문 환경과의 관계 속에서 이해하기
- 시사성 띤 문제나 관심이 집중된 지역을 확인하고 그 내용을 학습하기
- 한국지리에서는 경제·사회 발전에 따라 변화하는 지역 및 공간 구조
를 자연환경, 산업, 인구 등 다양한 관점에서 파악하기
- 세계지리에서는 세계 여러 지역 주민들의 삶의 모습을 자연, 문화, 산
업 등의 측면에서 비교하고, 산업화된 국가나 개발에 활기를 띠는 국가
들의 공통적인 특색 학습하기

· **일반사회(법과 정치, 경제, 사회문화) 학습법**
- 기본 개념이나 원리를 이해한 후, 다양한 소재나 문제 상황에서 이를
분석·도출하기
- 신문기사, 논설 자료, 통계 자료 등을 이용하여 시사적인 문제에 대한
쟁점을 파악하고 그 대안 찾아보기

- 법에서는 교과서의 핵심 내용을 이해하고, 판례 해석이나 법 관련 사례, 시사 문제 등을 분석하기, 정치에서는 정치 현상에 대한 기본 개념과 원리를 이해한 후, 이를 기초로 실생활의 정치적 현상을 분석 · 평가하기
- 경제에서는 기본적인 경제학적 개념, 원리, 이론 등을 체계적으로 이해하고, 이를 응용하여 기사, 도표, 그래프 등 각종 자료 분석하기
- 사회문화에서는 사회 · 문화 현상의 기본 개념과 원리를 이해하고, 사회 · 문화 현상과 관련된 각종 기사, 도표, 그래프, 그림 등을 분석하기

5
개념의 이해가
중요한 과학

　　고1 과학은 과거에 비해 매우 난해한 내용으로 구성되어 있다. 어쩌면 고2, 고3 때 배우는 물리, 화학, 생명과학, 지구과학에서도 다루지 않는 내용들이 등장하고, 중학교 때 배우지 않은 내용들도 나오기 때문에 학생들이 매우 힘들어 한다.

　　고1 과학에서는 실제 수능에 출제되지 않는 내용들도 배우기 때문에 내용을 완벽하게 알려고 하는 것보다는 2학년, 3학년 때의 과학을 공부하기 위한 방향을 찾는 과정으로 생각하고 학습해야 한다.

　　고2가 되면 과학 교과는 물리, 화학, 생명과학, 지구과학으로 나뉜다. 2학년에서는 Ⅰ과목을 배우는데 4과목을 모두 배우는 학교도 있고, 3과목 정도를 선택해서 배우는 학교도 있다. 3학년에서는 Ⅱ과목을 2개 정도 선택하여 배우는 것이 보통이다.

　　고1 과학을 공부하면서 자신이 어느 과목에 흥미를 갖고 잘할 수 있는지 살펴보는 것도 필요하다. 특히 수능에서는 두 과목만 선택해서 시험을 보기 때문에 자신이 잘할 수 있는 과목이나 자신의 진로에 필요한 과목을 반드시 미리 생각해야 한다.

과학 학습법

수능은 기본 개념에 대한 이해를 바탕으로 사고력과 문제 해결력을 측정하는 시험이므로 핵심이 되는 기본 개념을 정확히 이해하여야 한다. 특히 각 개념을 별개로 이해하기보다는 어떤 현상을 설명하는 데 요구되는 개념을 상호 관련 지어 이해하는 훈련을 하면 좋다. 예를 들어 물체의 운동을 힘, 속력, 속도, 가속도와 관련지어 이해하기, 구름과 비, 안개 등을 습도, 이슬점, 포화수증기량과 관련지어 이해하기 등의 훈련을 하자. 중요한 개념은 반복적으로 시험에 출제되니 빈번하게 출제되는 영역의 개념을 정확히 이해해야 한다.

과학의 다른 과목들보다 탐구 과정인 문제 인식 및 가설 설정, 탐구 설계 및 수행, 자료 분석 및 해석, 결론 도출 및 평가 등의 과정이 더 중요하다. 그 의미를 분명히 이해하고, 탐구 활동을 통해서 실제로 적용해 본다. 특히 다음 탐구 기능은 평소에 실제 탐구 활동을 통해서 익히도록 한다.

- 주어진 상황에서 문제를 인식하고 문제를 해결할 수 있는 타당한 가설 세우기

- 문제 및 가설에서 변인을 확인하고 독립 변인(통제 변인과 조작 변인), 종속 변인 (측정 변인)을 구분하고, 변인을 통제하는 방법 익히기
- 변인이 잘 통제된 실험과 통제되지 않은 실험 구분하기
- 사물이나 사건을 기준에 따라 분류하고, 분류된 결과에서 분류 기준 찾기
- 측정 데이터를 그래프로 나타내고 해석하기(조작 변인을 x축, 측정 변인 또는 종속변인을 y축에 나타내고, 변인 x와 변인 y의 관계를 진술하기)
- 표나 그래프에서 경향성(규칙성)을 찾고 내삽·외삽하기
- 제시된 자료를 이용하여 가설을 검증하고, 가설 검증에 필요한 추가 자료 확인하기
- 실험 결과에 대해 교과서에 제시된 결론을 보지 않고 스스로 결론 도출하기
- 다양한 실험, 관찰 결과를 설명해 주는 보다 일반화된 진술문을 만들고 다른 상황에 적용해 보기
- 일반화된 진술문이나 결론의 타당성을 관찰이나 실험 결과를 근거로 검토하기

실제 수능에서는 측정한 데이터를 분석하여 해석하는 활동을 강조하고 있다. 그러니 교과서에 제시된 중요 그림, 표, 그래프를 스스로 해석하고 결론을 도출하는 연습이 필요하다. 제시된 자료 해석에서는 관련된 기본 개념이나 원리를 함께 이해해야 한다.

과학 교과는 가장 기초적인 부분부터 다시 쌓는다는 생각으로 다시 한 번 점검하자. 특히 과학에서 사용하는 단위, 기호의 의미를 명확히 이해해야 한다. 힘, 속도, 가속도, 전기, 에너지 등에 관한 단위를 이해하고, 수식 계산 등을 통해 각 단위 간의 상호 관계를 정확하게 알고 있어야 한다. 전기회로, 화학반응식, 일기도 등에 사용되는 기호의 의미도 이해하고, 여러 현상을 기호를 사용하여 간단히 할 수 있어야 한다.

수능은 과학 교실 및 실험실 상황뿐만 아니라 실생활 및 자연 현상과 관련된 상황도 주요 탐구 상황으로 다루고 있으므로 과학 개념을 실생활의 문제나 자연 현상 설명에 적용해보는 연습이 필요하다. 평소 과학 잡지나 신문의 과학란을 읽고 일상의 문제와 자연 현상에 과학 개념이 어떻게 적용되는지 관심을 기울이자.

Part 5

공신의 노하우를
내 것으로

요리사가 최고의 요리를 만들어서 명성을 얻으려면 수십 년간의 노력이 필요하다. 하지만 그 요리사의 레시피(조리법)를 내 것으로 만드는 데는 몇 시간이면 충분하다. 요리를 잘 만들기 위해 전문가의 레시피를 배우듯이, 공부를 잘하기 위해서는 성공 학습자(공신)의 성공 패턴을 배우는 '모델링'을 해보면 좋다. 모델링이란 자신이 꿈꾸는 결과를 이미 얻어낸 사람을 정해서 그 사람의 생각과 말, 행동 패턴을 배우고 모방하는 것이다. 이 방법을 잘 활용하면 수십 년의 노력을 단 몇 시간으로 단축시킬 수 있다.

고1은 본격적인 모델링을 위한 최적의 시기다. 중학교 공부를 하면서 시행착오를 겪으며 공부법에 대해 나름 고민을 해왔기 때문에 배우려는 욕구가 강하고, 1년이 지나 고2가 되면 본격적인 입시 체제로 들어가기 때문에 이미 어느 정도 몸에 붙은 자신만의 공부법을 바꾸려는 모험을 하기에는 시간적으로나 여러모로 부담스럽기 때문이다.

이 책을 읽는 학생들은 지금이 아니면 영영 기회가 오지 않을 수도 있다는 심정으로 자신만의 공부법을 열심히 찾아보도록 하자.

1
공신들의 성공
학습 패턴 배우기

우리가 공부를 하는 가장 큰 이유는 바로 꿈을 이루기 위해서다. 그렇다면 꿈을 실현하려면 어떻게 하면 좋을까?《당신의 꿈을 실현해 줄 성공의 9단계》의 저자 제임스 스키너는 꿈을 실현하려면 성공한 사람의 패턴을 배우라고 강조한다. 패턴을 배우려면 성공한 사람의 말과 행동을 주의 깊게 관찰하는 것이 좋다.

일단 패턴을 알게 되면 자신에게 몇 가지 질문을 던지면서 하나씩 실천에 옮겨야 한다. 꿈을 이루기 위해 필요한 재료는 무엇인가? 그 순서와 과정은 어떻게 정해야 하는가? 각 단계별로 어떻게 처리해 나가야 좋은가? 이런 질문들에 답을 하다 보면 어느새 꿈은 현실이 될 것이다.

앞서 우리는 꿈을 이루기 위해 공부를 한다고 했다. 산으로 비유하자면 꿈은 정상이고 공부는 정상까지 오르는 길에서 만나는 수많은 봉우리라고 할 수 있다. 정상에 오르는 등정을 하려면 나침반과 지도가 필요하듯이, 꿈을 이루기 위해 공부를 잘하려면 성공인과 우등생의 성공 패턴과 학습 패턴을 배워야 한다.

우선 자신이 닮고 싶은 성공인과 우등생을 한 사람씩 정하자. 그리고 그 사람의 위인전, 성공기, 합격수기, 공부법 에세이 등을 읽거나 그 사람과 관련된 방송이나 신문기사 등을 보자. 이때 중요한 것은 그 사람이 꿈을 이루고 공부를 잘하는 데 결정적인 영향을 미쳤던 '보이지 않는 차이'와 '차이를 만들어 내는 차이'를 발견해야 한다는 점이다. 그리고 그 차이를 자신에게 맞는 성공 패턴과 학습 패턴으로 만들어 나가면 된다.

패턴의 위력은 엄청나다. 일단 패턴을 확실히 알기만 하면 몇 번이든지 똑같은 결과를 만들어 낼 수 있다. 그 성공률은 100퍼센트고, 몇 번이든 반복할 수 있다. 또한 다른 사람에게도 그것을 가르칠 수 있다.

미국의 대통령 링컨은 "누군가가 큰 성공을 거두었다면 그건 바로 다른 누군가도 그와 똑같이 될 수 있다는 증거이다"라고 말했고, 세계적인 기업 '월마트'의 창업자인 샘 월튼은 "내가 해온 일 중 대부분은 이미 누군가가 했던 일이다"라고 말했다. 두 사람 모두 패턴의 중요성을 강조한 것이다.

무에서 유를 창조하려면 시간도 너무 오래 걸리고 큰 희생을 치러야 하며 그러한 대가를 지불하고도 성공한다는 보장이 없다. 게다가

모처럼의 노력이 물거품이 될 수도 있다. 패턴을 배우면 시행착오에 따른 시간과 노력을 줄이고, 결과를 내는 데 그 시간과 노력을 집중할 수 있다. 꿈을 이루고 싶다면 성공인과 우등생의 패턴을 배우기 바란다. 그것이 바로 꿈을 실현하는 지름길이다. 지금부터 공신이라 불리는 사람들의 성공 학습 패턴을 함께 배워보도록 하자.

2
시간관리의
달인들

밤 늦게 자고 아침에 늦게 일어나서 허겁지겁 학교 갈 준비를 하고, 늘 시간에 쫓겨서 바쁘게 생활하지만 되돌아 보면 공부도, 해야 할 일도 제대로 하지 못하는 학생들이 많다. 반면 늦지 않은 시간에 자고 아침에 일찍 일어나서 여유 있게 학교 갈 준비를 하며, 계획한 대로 알차게 생활하면서 공부와 해야 할 일을 척척 잘하는 학생들도 있다.

두 그룹의 차이점은 바로 '시간관리'를 얼마나 잘하느냐다. 시간관리를 잘하려면 시간의 중요성에 대한 이해, 시간은행과 시간계좌 전략, 자투리 시간 활용 전략, 시간관리 매트릭스 활용 전략, 학습플래너 활용 전략 등이 중요하다. 이 중에서 실전에서 바로 활용할 수 있고, 효과도 즉시 나타나는 방법이 바로 자투리 시간 활용법이다.

무슨 일이든 적응 기간이 필요하다. 고3이 되어서 급한 마음에 자투리 시간을 활용해 보려고 하지만 바뀐 시간 활용 패턴에 적응하느라 1학기가 휙 지나가고, 2학기 때는 마음이 더 조급해지기 때문에 제대로 실천하기가 어려워진다. 따라서 고1 때부터 올바른 자투리 시간 활용 습관을 들이는 것이 중요하다. 자투리 시간 활용으로 시간 관리의 달인이 된 성공 학습자들을 만나보자.

《월드클래스 공부법》박승아

박승아는 여성 중에 최고의 성공 학습자로 꼽을 만하다. 뉴질랜드 최고 명문고를 4년 연속 전체 수석으로 평정하고, 0.01퍼센트만 가

STUDY MATE

| 뉴질랜드 초중고 교육제도 |

우리나라는 초중고 교육이 12년으로 구성되어 있는 반면, 뉴질랜드의 초중고 교육은 13년으로 구성되어 있다. 만 5세가 되면 초등학교에 입학을 하고, 만 5세(Year 1)부터 만 10세(Year 6)까지는 Primary School에, 만 11세(Year 7)부터 만 12세(Year 8)까지는 Intermediate School에, 만 13세(Year 9)부터 만 17세(Year 13)까지는 High School / College를 다닌다. 사립학교는 보통 초중고가 함께 복합적으로 운영되는 학교가 많다.

능하다는 국제수능(IB) 만점을 받으며 예일대에 특차로 합격하는 등 그녀를 따라 다니는 수식어는 화려하기만 하다.

그녀는 3단계 학습법, 시험의 기술, 카드 학습법, 정리의 기술, 시간관리 등 거의 모든 면에서 타의 추종을 불허하는 탁월한 방법으로 엄청난 성과를 냈다. 그중에서도 시간관리는 '달인'이라고 불러도 손색이 없을 정도다. 그녀의 자투리 시간 활용법은 다음과 같다.

· 아침밥을 먹는 시간에 식탁에서 수학 공식이나 영어 단어를 암기한다.
· 아침에 등교할 때 차안에서 그날 배울 교과서 내용을 미리 훑어 보면서 예습한다.
· 수업과 수업 사이의 쉬는 시간 5분을 활용해 전 시간에 배운 내용을 복습한다. 교실을 이동하기 위해 걷는 시간을 복습으로 유용하게 사용한 것이다.
· 학교에서 집으로 돌아가는 차 안에서 20분 정도 복습을 한다. 쉬는 시간 동안 했던 복습을 한 번 더 해주는 것이다.
· 약속장소에서 친구들을 기다리는 동안에도 복습을 하거나 단어를 외운다.

그녀의 '고3 수험생 24시간' 일정을 보면 성공 학습자의 하루 일과가 어떤 모습인지 엿볼 수 있다.

| 박승아의 하루 일과 |

07:45	기상, 옷 갈아입고, 아침 식사	· 옷 갈아입을 때는 옷장에 붙은 메모를 보면서 공부 · 아침을 먹을 때는 식탁에서 노트를 보면서 공부
08:00	아버지 차로 등교	· 예습
08:15	학교 도착	· 사물함에서 수업 교재와 노트 챙김
08:30	1교시. 경제학	· 수업 내용을 시사적 이슈에 적용하면서 집중
09:20	쉬는 시간	· 5분 동안 경제학 수업을 복습
09:30	2교시. 화학	· 집중하면서 공부
10:20	쉬는 시간	· 교내 클럽 미팅에 참석해서 안건을 논의하고 정리
10:45	3교시. 생물	· 집중하면서 공부
11:40	4교시. 생물	· 집중하면서 공부
12:30	튜터 수업 시간	· 공지사항을 들으면서 샌드위치나 과일로 점심을 먹음 · 오후에 있을 일본어 구술시험에 대비해 스피치 연습을 함
12:45	점심시간	· 학생 간부 회의에 참석해서 토론을 벌임
13:30	5교시. 일본어	· 구술시험
14:30	6교시. 세계문학	· 집중하면서 공부
15:20	수업 종료	· 필요 없는 책은 라커에 넣고 학교 다이어리에 오늘 숙제 목록을 중요도 순으로 적기
15:30	집으로 돌아오는 차 안	· 그날 배운 수업 내용을 복습하고 머릿속으로 요약
15:40	집에 도착	· 교복을 입은 채로 책상에 앉아서 그날 해야 할 숙제 먼저 하기
17:00	저녁 식사	· 책상에 앉아 숙제하면서 저녁 먹기
17:20	자유 시간	· 드럼이나 피아노 치기
17:30	장기 과제물 준비	· 4,000단어 에세이
18:30	하키 준비	· 하키장 도착해서 하키복으로 갈아입기
19:00	하키 시합	· 연습 게임
20:00	간식 시간	· 집으로 돌아오는 차 안에서 스낵이나 샌드위치 먹기
20:20	집에 도착	· 샤워를 하면서 노래를 한 곡 부르기
20:30	장기 과제물 이어서 하기	· 4,000단어 에세이
22:30	자유 시간	· 음악 듣기, 뮤직비디오 감상
23:00	시험 공부	· 1시간은 IB 공부, 1시간은 SAT 공부
01:00	가방 챙기기	· 학교에 가져갈 가방을 싼 뒤 씻기
01:30	독서 시간	· 문학책이나 경제, 과학 잡지 보기
02:30	취침	· 잠자리에 들기

자투리 시간 활용의 달인, 안지원

이번에는 EBS 〈공부의 왕도〉에 소개 되었던 안지원 군의 하루 일과 속으로 들어가 보자. 안지원 군은 자투리 시간 활용의 달인이다. 그의 자투리 시간 활용법을 살펴보자.

- 아침식사 시간(6:25~6:40)에 눈으로 암기 과목을 공부하면서 밥을 먹는다.
- 등교 시간(6:45~7:00)에 영어 단어를 외우면서 걸어간다.
- 아침자습 전(7:00~7:40)에 문제집으로 어제의 공부를 보충한다.
- 점심식사 시간(12:10~13:00) 급식실이 아니라 자습실에서 도시락을 먹으며 시간을 아끼고, 남은 시간에 공부를 한다.
- 하교 후(00:20~00:50)에 학교 자습실과 비슷하게 꾸민 공부방에서 30분 동안 마무리 공부를 한다.
- 취침 전(00:50~01:05)에 침대 옆 벽에 암기과목 프린트물을 붙여놓고 잠들기 전까지 외운다.

이렇게 자투리 시간을 최대한 활용하면 몇 시간까지 확보가 가능할까? 아침식사(15분), 등교시간(15분), 아침자습 전(40분), 점심식사(50분), 저녁식사(50분), 학교 쉬는 시간(총 80분), 하교시간(15분), 하교 후(30분), 취침 전(15분) 등을 모두 합치면 총 자투리 시간은 310분, 즉 5시간 10분에 이른다.

안지원 군은 시간관리에 대해 이렇게 말한다.

"자투리 시간은 제가 열심히 노력하고 모아서 만든 것이기 때문에, 모으는 과정에서 몸이 조금 힘들더라도 보람은 상대적으로 큽니다. 자투리 시간을 지속적으로 활용하다보면 저보다 공부를 잘하는 학생도 이길 수 있다는 확신이 들어요. 주변 친구들도 정말 열심히 공부한다고 칭찬을 해주니까 기분도 좋고, 뿌듯함을 느낄 수 있었습니다."

아르바이트를 하면서도 목표 달성에 성공한, 이진

EBS 〈공부의 왕도〉에 소개된 이진 양은 난치병 어머니의 병원비를 위해 아르바이트하면서 공부를 해야 하는 어려운 환경을 딛고 자투리 시간을 잘 활용해 서울대 간호학과에 합격함으로써 목표 달성에 성공한 경우다.

이진 양은 고2 겨울방학 때 어머니의 병간호 때문에 병실에서 생활하면서 어머니를 위해서라도 더 열심히 공부해야겠다는 생각을 하게 된다. 공부를 잘해서 성공하는 모습을 보여드리는 것이 어머니께서 병마와 싸우는 데 가장 큰 힘이 될 거란 생각을 한 것이다.

우선 계획표를 작성하면서 아침 7시부터 밤 12시까지 일과를 정리했다. 계획표에 실천한 것과 실천하지 못한 것을 체크하고, 실천하지 못한 것은 다음 날이라도 꼭 실천하려고 노력했다.

그녀는 고3 때 주말마다 빵집에서 아르바이트를 했다. 아르바이트를 하면서도 짬이 날 때마다 영어사전을 보면서 영어 단어와 문장을 익혔다. 다른 동료들에게 피해가 가지 않도록 일을 할 때는 누구보다 열심히 했다.

이진 양은 시간관리에 대해 이렇게 말한다.

"저는 남들보다 공부할 수 있는 시간이 적었습니다. 그렇지만 최대한 그 시간을 활용해서 공부하려고 노력했습니다. 주말에 아르바이트를 했기 때문에 주말 공부시간을 모두 평일로 옮기고, 평일에 학교에 있는 시간을 온전히 제 것으로 만드는 습관을 들이려고 노력했습니다."

어쩔 수 없는 상황에서 시간관리에 최선을 다하려고 노력하다 보니 자연스레 자투리 시간을 많이 활용하게 되었다. 자투리 시간이 모이다 보니 오히려 1, 2학년 때 주말까지 합쳐서 공부한 시간보다 더 많은 양을 주중에 공부할 수 있었고, 짧은 시간을 이용하다 보니 집중력도 높아져서 효율성도 향상된 것이다.

그녀는 자신의 꿈에 대해서도 당당하게 밝힌다.

"제 꿈은 국립암센터 같은 곳에서 암환자들을 전문적으로 치료하는 암 전문 간호사나 임종을 앞두고 계신 분들이 편안하게 마지막을 맞이할 수 있게 인도해주는 호스피스가 되는 것입니다. 나중에 기회가 된다면 장학재단을 설립해서 제가 도움을 많이 받았던 것처럼 어렵고 힘들게 공부하는 아이들에게 꿈을 지켜나갈 수 있게 도움을 주고 싶습니다."

자투리 시간을 활용하는 시간관리 비법으로 목표 달성에 성공한 그녀라면 원하는 꿈도 반드시 이룰 수 있을 거라 믿으며 응원을 보낸다.

공부를 잘하려면 시간이 아니라 분, 초 단위로 시간을 관리해야 한다. 하루 정도 차이가 나는 것은 티가 나지 않지만 이런 차이가 매일 쌓인다면 시간이 흐를수록 성과에서 차이가 나는 것은 당연한 결과일 것이다. 오늘 당장 하루 24시간을 어떻게 채우고 있는지 꼼꼼히 분석해 보길 바란다.

3
스톱워치의
달인들

　　　　　　　　　　　사람이 강한 집중력을 발휘할 때는
자신이 좋아하는 일을 할 때와 시간에 쫓겨서 뭔가를 할 때다. 스톱
워치로 시간을 체크하면서 공부하면 이 두 가지를 동시에 충족시켜
최고의 집중력을 발휘할 수 있다.

　스톱워치가 공부할 때 도움이 되는 이유는 '마감시한 효과' 때문
이다. 마감시한 효과란 우리가 제한 시간 내에 뭔가를 하려고 했을
때 집중하는 현상을 말한다. 예를 들어 시험을 마칠 때가 다 되어서
문제를 풀 때라든가, 공부를 끝내고 재미있는 TV 프로그램을 보려고
했을 때 이런 효과가 나타난다.

　공부를 하면서 스톱워치로 시간을 체크하면 마감시한 효과를 만
드는 환경을 조성할 수 있다. 집중력이 높아지고, 학습량도 늘어나
며, 목표달성을 통해 재미도 느낄 수 있고, 시험 적응훈련도 할 수 있

어서 여러 가지 긍정적인 효과를 기대할 수 있다.

서면 앉고 싶고, 앉으면 눕고 싶고, 누우면 자고 싶은 것이 사람의 마음이다. 게으름은 자연스러운 본능이라고 할 수 있다. 남보다 나은 성과를 내는 사람들은 누구에게나 찾아오는 게으름을 굳은 의지로 이겨낸 사람들이다. 스톱워치는 게으름을 이겨내고 말겠다는 의지의 상징이라고 할 수 있다. 스톱워치 활용으로 집중력의 달인이 된 성공 학습자들을 만나보자.

《가난하다고 꿈조차 가난할 수는 없다》 김현근

평범한 사람이 꿈을 갖게 되면 어떻게 변할 수 있는지 보여주는 대표적인 사례가 김현근이다. 김현근은 초등학교 5학년 때 우연히 홍정욱의 ≪7막 7장≫을 읽고 미국 아이비리그 대학으로의 유학을 꿈꾸게 된다. 가난했지만 꿈을 향해 달려간 열아홉 살 현근이의 스톱워치 활용법 스토리 속으로 들어가 보자.

평범한 초등학생 시절, 갑자기 IMF가 터지면서 집안 형편이 어려워졌다. 일찍 철이든 그는 공부를 잘해서 성공해야겠다는 막연한 생각을 하고, 성공인과 우등생의 스토리에 관심을 갖게 되었다. 틈나는 대로 서점과 도서관 등에서 위인전과 성공기, 학습법 책을 탐독하면서 동기부여도 하고, 자신의 공부법에서 보완해야 할 점을 찾기도 했다.

그 과정에서 '집중력'이 가장 중요하다는 사실을 깨달았다. 왜냐하면 똑같이 공부하더라도 집중을 했을 때와 하지 않았을 때는 2배 이상의 효과 차이가 나기 때문이다. 집중력을 높이기 위한 방법을 고민하던 중에 '스톱워치'라는 특별한 학습도구를 활용하게 된다. '스톱워치'로 시간을 재면서 단 10분이라도 딴 생각을 하지 않고 공부에만 집중하는 연습과 훈련을 반복한 것이다.

그는 대한민국의 천재들만 다닌다는 한국과학영재학교에 꼴찌로 들어갔지만 스톱워치의 달인이 되면서 시험만 보면 1등을 한 끝에 졸업할 때는 수석의 영광을 차지할 수 있었다. 그는 천재도 아니고 부잣집 아들도 아니었으며 과외나 학원을 다녀본 적도 없다. 그래서 혼자 공부하는 방법을 연구하고 전략을 세워서 최대한 효율적으로 공부하는 방법을 선택했다. 남들보다 더 집중하고, 더 많이 공부해서 자신의 부족한 부분을 극복했던 것이다.

그는 ≪현근이의 자기주도 학습법≫을 통해 공부 도사가 되는 방법을 설명하고 있다.

- 굳은 의지와 공부하는 자세 등 올바른 학습 습관으로 공부의 기본기를 닦아야 한다.
- 시험 전에 교과서를 5번 이상 정독해야 한다.
- 국어 공부는 독서로 기초실력 다지기, 교과서를 자습서로 만들기, 자습서와 문제집 활용하기, 주관적인 해석에 빠지지 않기, 문제부터 보고 지문 읽기 등이 효과적이다.

- 수학 공부는 혼자 고민하는 훈련하기, 개념을 이해하고 공식 외우기, 문제를 많이 풀어서 공식 체득하기, 자신의 수준에 맞춰 공부계획 세우기 등이 효과적이다.
- 영어 공부는 문제에 맞춰 지문 읽기, 독해하면서 단어와 문법 공부하기, 주어와 동사 찾으면서 문법 끝내기, 영어일기 쓰면서 작문 공부하기 등이 효과적이다.

그는 이렇게 말한다.

"처음에는 제 자존심을 지키기 위해 공부에 매력을 느꼈습니다. 하지만 공부를 하는 과정에서 배우고, 느끼고, 깨달으면서 공부 자체가 저의 일부가 되었습니다. 저는 과학영재학교와 유학 생활이 이 사회에 진 빚이라고 생각합니다. 그래서 사회와 국가를 위해 값진 역할을 하리라는 암묵적인 약속을 지키려고 온 몸으로 배우고, 전진하며, 깨달으려 노력하고 있습니다."

세상 그 어떤 부자보다 풍요로운 꿈을 가진 그가 꿈을 이룰 수 있기를 기원한다.

스톱워치의 달인, 문혜진

이번에는 EBS 〈공부의 왕도〉에 소개되었던 문혜진 양의 스토리를 살펴보자.

그녀는 최소 시간에 최대 공부량을 소화하기 위해 스톱워치를 적극적으로 활용했다. 보통 학생들이 시험 시간관리와 문제풀이 시간 측정용으로 스톱워치를 쓰지만 그녀는 영어단어를 외울 때나 문법 정리, 문제풀이, 오답정리와 노트 필기 등 대부분의 공부에 스톱워치를 활용했다.

자세하게 짜여진 공부 계획표에 따라 1분에서 10분 단위로 공부 시간을 설정해 두고, 해당 시간 안에 목표로 정한 공부를 모두 끝내는 방식으로 공부를 해나갔다. 시간이 흘러가고 있다는 심리적 압박감은 조금 더 집중하고, 조금 더 속도를 내기 위해 스스로를 채찍질하는 효과를 가져왔다.

그녀는 이렇게 말한다.

"타이머를 쓰다 보면 눈앞에서 시간이 '뚝뚝' 떨어지는 게 보입니다. 그러면 마음이 조급해지면서 다른 생각을 할 수가 없습니다. 다른 생각을 하게 되면 그때부터 시간관리를 못하게 되니까 항상 타이머를 켜놓고 긴장감과 집중력을 유지할 수 있었습니다."

다소 무리하게 계획을 짠 탓에 집중해서 공부를 했더라도 목표량을 채우지 못하는 날도 있었다. 하지만 그럴수록 더 집중해서 목표를 달성할 수 있도록 계속 연습을 해나간 끝에 노력한 만큼 성과를 낼 수 있었다.

평소에 공부할 때 스톱워치를 사용하면 시간안배에 대한 연습이 되기 때문에 실제 시험에서 시간 조절도 잘되고 긴장감도 줄일 수 있다. 무엇보다도 공부를 하면서 실전을 충분히 대비하고 있다는 자신감을 가질 수 있다는 것이 큰 장점이다.

스톱워치를 활용해 효과를 높이려면 단계별로 수준을 향상시키는 것이 좋다. 우선 1시간에 몇 문제를 풀 수 있는지, 몇 페이지나 볼 수 있는지를 체크한다. 그러고 나서 자신의 수준보다 조금 높은 목표를 세운 후에 스톱워치로 시간을 체크하면서 문제를 풀면 된다. 만약 스톱워치가 신경이 쓰여서 오히려 공부에 방해가 된다면 스톱워치를 보이지 않는 곳에 두고 알람이나 진동 기능을 활용해 마감시한을 체크하면 된다. 스톱워치 하나로 여러 마리 토끼를 한꺼번에 잡는 데 성공하기 바란다.

4
암기의
달인들

우리가 공부한 내용은 머릿속에 저장된다. 그런데 공부를 열심히 하기만 할 뿐 공부한 내용이 어떤 원리에 의해 머리에 입력되고, 저장되었다가 필요할 때 출력되는지 아는 학생이 그리 많지 않다. 공부의 핵심 과정인 입력과 저장, 출력이 잘되려면 우리 뇌의 특성을 알고, 뇌가 좋아하는 방식으로 공부를 해야 한다.

성공 학습자들의 공통점을 분석해 보면 놀랍게도 이런 뇌의 특성을 충분히 고려해 가장 효과가 좋은 방법으로 공부하고 있다는 것을 알 수 있다. 암기를 잘하려면 5번 이상의 반복, 망각주기를 고려한 반복 시기, 오감 활용, 이미지와 스토리 연결 등이 중요하다.

그리고 암기한 내용을 보지 않고 써보거나 말하면서 암기 여부를 스스로 확인하기, 그림이나 도표를 활용해서 암기하기, 암기에 도움이 되는 학습 도구 활용하기, 새로운 것을 암기할 때 이미 알고 있는 것과 관련지어서 기억하기 등이 효과적이다. 두뇌 학습법으로 암기의 달인이 된 성공 학습자들을 만나보자.

《공부 9단 오기 10단》 박원희

박원희는 중학 시절 꼴지 3인방에 낄 정도로 평범했지만 최고를 목표로 한 오기와 열정으로 민족사관고등학교를 2년 만에 조기 졸업하고, 미국의 명문대학 10곳에 동시 합격했다. 하버드 대학교에 입학해 2006년 하버드 장학생(Harvard College Scholarship)이 되었고, 2009년 매그나 쿰 라우데(Magna Cum Laude) 상을 받으며 경제학 학사와 통계학 석사 학위를 취득했다. 현재는 경제학 교수라는 꿈을 이루기 위해 대학원에서 공부하고 있다.

그녀는 어려운 내용을 공부할 때 포스트잇을 즐겨 사용했다고 한다. 포스트잇은 책갈피와 메모지, 일정표 등 다양한 형태로 사용되는데, 암기를 잘하기 위해서도 효과적인 도구가 된다.

보통의 내용을 암기하는 데 5번의 반복이 필요하다면 어려운 내용은 10번 이상의 반복이 필요할 때도 있다. 포스트잇을 사방에 붙여두면 자투리 시간을 최대한 활용해 암기력을 극대화시킬 수 있다.

공부를 하다 보면 집중력이 떨어질 때도 있고 딴 생각이 들 때도 있으며 다른 곳을 멍하니 볼 때도 있다. 물을 먹거나 화장실을 가기 위해 책상에서 잠시 일어나기도 한다. 이때 시선이 가는 곳에 포스트 잇이 붙어 있으면 잠깐 시선을 고정시키며 한 번 암기를 하는 것이다. 기억의 원리에 의하면 한 번에 오랜 시간을 쓰면서 보는 것보다는 일정 간격을 두고 잠깐씩 여러 번 보는 것이 기억에 더 효과적이라고 한다. 포스트잇은 이런 기억의 원리를 학습에 적용하기에 안성맞춤인 도구다.

그리고 기억을 할 때는 장면이나 상황, 냄새, 소리 등 주변 정보를 함께 기억하면 필요할 때 떠올리기 쉽다. 예를 들어 김치 냄새가 나면 주방이, 암모니아 냄새가 나면 화장실이, 향수 냄새가 나면 어떤 사람이 떠오른다. 따라서 같은 패턴이 반복되는 책상 위에서만 암기하는 것보다는 시각적, 청각적, 후각적, 촉각적 정보를 다양하게 활용할 수 있게 포스트잇을 집 사방에 붙여놓는 전략이 유용하다.

그녀는 이렇게 말한다.

"어렵고 잘 외워지지 않는 단어들은 크게 한 단어씩 포스트잇에 적어둡니다. 이때 뜻은 써두지 않고 왔다 갔다 다니면서 단어를 볼 때마다 뜻을 생각해 보면 단어가 잘 외워집니다."

공부할 때 포스트잇을 적극적으로 활용하면 짧은 시간 투자로 몇 십 분을 책상에 앉아서 공부하는 것보다 더 큰 효과를 거둘 수 있을 것이다.

암기송의 달인, 신요섭

이번에는 EBS 〈공부의 왕도〉에 소개 되었던 신요섭 군의 스토리를 살펴보자.

전국 모의고사 전 영역 1등급, 모의고사 평균 전국 상위 0.18%, 최상위권으로 원광대 의예과 합격 등 그를 따라다니는 수식어는 화려하기만 하다. 그는 혼신의 힘을 다해 노력했다기보다는 자신만의 비법으로 공부의 지름길을 찾아 성적을 올린 경우다.

그의 비법은 다름 아닌 '암기송'을 만드는 것이다. 예를 들어 호르몬과 항상성 유지 단원에서 내분비선에 대해 공부를 할 때 암기해야 할 사항을 '호르몬 암기송'으로 만들어서 노래로 외우는 것이다. 그가 좋아하는 〈역사는 흐른다〉 노래에 맞춰서 "여포 자극 황체 형성 부신 피질 젖분비, 생장 갑상선 자극 뇌하수체 전엽 (중간생략) 티록신 칼시 갑상선 파라토 부 갑상선, 당코 무코 부신피질 코티솔 알도스, 위는 가스트린 십이지장 세크레틴 호르몬은 나온다" 등으로 노래를 부르는 것이다.

화학에서 배우는 합금에 나오는 내용으로 암기송을 만드는 예를 살펴보면 더 이해가 쉬울 것이다. '황동'은 '구리와 아연'의 결합이므로 앞글자를 따서 '황구아'라고 만들고, '청동'은 '구리, 주석, 아연'의 앞글자를 따서 '청구주아'라고 하고, '백동'은 '구리와 니켈'의 앞글자를 따서 '백구니', '스테인리스강'은 '철과 크롬, 니켈'의 앞글자를 따서 '스철크니' 등으로 만들고, 같은 방법으로 '두알구

마', '니크롬', '땜납주', '아은수주' 등으로 만들면 모두 8마디가 나
온다.

적합한 노래를 찾아보니 〈한꼬마 두꼬마 세꼬마 인디언〉의 음율이
딱 맞았다.

"황구아(황동 = 구리 + 아연), 청구주아(청동 = 구리 + 주석 + 아연),
백구니(백동 = 구리 + 니켈), 스철크니(스테인리스강 = 철 + 크롬 + 니켈),
두알구마(두랄루민 = 알루미늄 + 구리 + 마그네슘), 니크롬(니크롬 = 니
켈 + 크롬), 땜납주(땜납 = 납 + 주석), 아은수주(아말감 = 은 + 수은 + 주
석)"

합금 암기송은 이렇게 완성되는 것이다. 누가 '철, 크롬, 니켈이
섞여서 만든 합금은 무엇입니까?' 라고 물으면 '스테인리스강' 이 바
로 나올 수 있을 것이다.

그는 이렇게 말한다.

"외웠던 건 나중에 잊혀지므로 수능 전까지도 계속 확인을 해야
합니다. 그러지 않으면 머릿속에서 어렴풋이 희미해져 갑니다. 하지
만 노래로 외우는 개념들만큼은 언제 어디서나 기억이 납니다."

암기송은 학습 내용을 기억하기 쉽게 노래로 만드는 것이다. 암기
송은 머릿속에 적어 놓은 노트 역할을 하기 때문에 내신과 수능 성적
을 올리는 데 큰 도움이 된다. 암기송으로 암기의 달인으로 거듭나길
바란다.

성공 학습자들이 암기를 잘하는 이유는 머리가 좋아서가 아니라

포스트잇 같은 학습도구와 암기송 같은 암기법 등을 잘 활용했기 때문이다. 암기에 대한 고민이 있다면 포스트잇과 암기송으로 고민을 해결해 보기 바란다. 암기에 대한 재미를 느끼는 순간 공부가 즐거워질 것이다.

4
노트 필기의
달인들

　　　　　　　노트 필기는 인류 역사를 통해 검증된 가장 효율적인 학습법 중 하나다. 노트 필기가 바로 최고의 학습법이라는 말이 있을 정도다. 노트 필기를 하는 가장 중요한 이유는 학습 내용을 '구분'하기 위해서다. 중요한 것과 중요하지 않은 것, 이해와 암기를 해야 할 것과 하지 않아도 될 것, 요약할 것과 요약하지 않아도 될 것 등 공부를 하면서 끊임없는 '구분' 작업이 필요하다.

　　노트 필기에는 여러 가지 장점이 많다. 우리 뇌의 보조기억 장치 역할, 학습내용의 효과적인 정리, 효과적인 핵심 파악, 복습의 효과 증대, 집중력 향상, 완벽한 시험 대비 등이 대표적인 장점이다.

　　노트 필기의 시작은 책을 읽거나 수업을 들으면서 책의 빈 곳에 간단한 메모를 하는 것이다. 그런 다음 읽고 들은 내용을 요약해 보면 더욱 효과적이다.

노트 필기를 통해 우등생의 필수 요건인 생각정리의 기술을 익히면 공부에 큰 도움이 될 것이다. 노트 필기로 정리의 달인이 된 성공 학습자들을 만나보자.

《나나 너나 할 수 있다》 금나나

금나나는 어렸을 때부터 마음이 따뜻한 의사가 되는 것이 꿈이었다. 꿈을 향해 순항하던 중 경북대 의예과에 다닐 때 호기심으로 참가한 미스코리아 대회에서 진에 당선된다. 다음해 미스유니버스 대회에 대한민국 대표로 참가했다가 하버드대 진학의 꿈을 갖게 되었고, 5개월 동안 공부에 올인해서 하버드에 입성한다. 하버드대에서 디튜어 상, 존 하버드 장학금을 받으면서 우등생으로 인정받았다. 현재는 하버드대학교 보건대학원 박사과정에서 공부 중으로, 그녀의 꿈을 위한 도전은 아직도 현재 진행형이다.

나나식 공부법의 핵심은 백만불짜리라고 자칭하는 노트 필기법이다. 그녀는 어릴 때부터 필기에 목숨을 건 아이였고, 공책 선물을 가장 좋아했다. 배운 내용을 오랫동안 기억하겠다는 의지의 표현이 필기라고 생각했기 때문에 그녀는 필기에 사력을 다했다.

그녀의 필기 노트에는 몰랐던 것을 깨달았을 때의 기쁨, 잘못 알고 있던 것을 바로잡았을 때의 놀라움, 꼭 기억하자는 의지 등이 숨어 있다. 나나식 노트 필기법은 5가지로 정리할 수 있다. 펜을 적재적소에 활용하기, 과목의 특성에 맞는 노트 선정, 법칙에 맞는 연습장 작성, 스크랩북같은 문제집, 자신만의 코드 개발 등이다.

중학교에 들어간 남동생에게 보낸 편지를 통해 그녀는 학습법을 강조했다. 자신감 갖기, 최선을 다하기, 남의 말에 초연해지기, 수업 시간을 최대한 활용하기, 쉬는 시간 충분히 활용하기, 교육방송 꼭 보기, 하루 30분 독서하기, 운동 열심히 하기, 선생님께 질문 많이 하기, 선배들에게 존대말 쓰고 인사 잘하기 등이 기본적으로 중요한 내용이다.

구체적인 학습 공략법도 소개했다. 국어는 교과서와 노트로 공부하면 되고, 영어는 교과서의 영어 문장을 모두 외우는 것이 효과적이며, 수학은 문제 푸는 요령이 중요하므로 무조건 많이 풀어야 하고, 과학은 원리를 이해하고 외울 것은 외워야 하며, 사회는 수업 시간에 잘 듣고 이해를 한 뒤에 외우면 되고, 기타 과목은 수업 시간에 집중하면서 그 시간에 공부를 다 해야 한다고 강조했다.

그녀는 달리기를 하듯이 항상 노력해야 하는 상황 속으로 자신을 내몰았다. 공부를 하면서 꿈을 이루기 위해 노력하고 실천하는 것이 중요하다는 깨달음을 얻었다고 그녀는 말한다. 온 인류가 사랑의 네트워크로 연결될 때까지 사랑을 실천하겠다는 그녀의 아름다운 도전이 성공으로 이어지길 바란다.

내신노트의 달인, 기하야진

이번에는 EBS 〈공부의 왕도〉에 소개되었던 기하야진 양의 스토리를 살펴보자.

그녀는 공부를 할 때 가장 먼저 교과서를 정독하면서 학습 내용의 큰 틀을 짠다. 이때 유의할 점은 큰 틀이 잡힐 때까지 대단원과 소단원을 중심으로 전체 구조를 파악하며 반복해서 읽는 것이다.

다음으로 내용을 구조화한다. 인과 관계, 배경, 결과들에 따라 교과서를 재구성해 노트에 정리하는 것이다. 이때 유의할 점은 교과서의 내용이나 순서를 그대로 옮기는 게 아니라 자신의 기준으로 단락을 나누기도 하고, 긴 문장을 단어 하나로 요약하기도 하며, 여러 곳에 흩어진 내용을 하나로 묶기도 한다. 교과서를 분해하고 정리하면서 노트를 채워가는 것이다.

먼저 대단원의 제목을 적고, 그 다음 소단원의 제목을 적으면서 내용을 구분한다. 그리고 소단원의 핵심 내용을 1~2단어로 압축해서 정리한다. 이때 화살표 등 각종 기호를 사용해 인과관계를 설명하기도 하고, 2~3문장으로 설명한 내용을 짧은 내용으로 압축하기도 한다.

이렇게 정리가 끝나면 노트만 보면서 암기한다. 긴 내용을 짧게 줄이고, 이해하기 쉽도록 만든 자기 맞춤형 교과서가 되는 것이다.

그녀는 이렇게 말한다.

"원래 중간고사 범위가 100페이지가 넘는 내용인데, 노트 정리를 하면 10장 남짓으로 줄어듭니다. 그러면 심리적으로 외울 것이 줄어든다는 느낌을 받기 때문에 좋습니다. 그리고 줄글로 되어 있는 내용은 복잡한데, 기호를 쓰고 소제목을 붙이면서 간단하게 정리하면 보기 쉽고 외우기도 편합니다. 무엇보다 자기만의 노트를 만드는 것이 좋다고 생각합니다."

마인드맵의 달인, 김정훈

이번에는 EBS 〈공부의 왕도〉에 소개 되었던 김정훈 군의 스토리를 살펴보자.

김정훈 군은 마인드맵 공부법의 달인이다. 마인드맵은 핵심 개념이나 주제를 정확하게 파악하는 것에서부터 시작된다. 주제를 정하려면 약간 포괄적이면서도 핵심적인 내용을 첫 출발선으로 잡아야한다. 핵심 내용을 찾으려면 문제로 돌아가서 문제 내용을 읽어보고 문제에서 제시된 그림이나 그래프를 보면 된다. 예를 들어 문제에서 이자의 분비선을 제시했고, 그림에서도 이자의 내, 외분비선을 제시했다면 중심내용은 이자 또는 이자의 분비선이 되는 것이다.

그는 자신만의 마인드맵을 만들기 위해 우선 문제를 통해 중심개념을 잡고, 오답노트에 마인드맵을 그린다. 문제를 풀고 채점을 하고나면 정답지의 해설을 문제집에 자세히 정리한다. 알아보기 쉽게 빨간펜으로 정리하면서 마인드맵의 중심개념을 잡는 것이다.

이어서 개념들끼리 연관을 지어본다. 중심개념이 정해지고 나면 생각의 흐름대로 가지를 쳐나간다. 마인드맵에 정해진 규칙은 없다. 뻗어나간 가지에서 또 다른 가지로 연결하고, 처음에 제시된 문제와 직접적인 관련이 없더라도 떠오르는 개념들을 자유롭게 정리하는 것이다. 자신의 생각대로 그려나가는 것이 바로 마인드맵이다.

끝으로 오개념을 바로 잡는다. 자유롭게 그린 마인드맵을 검토하기 위해 교과서의 내용과 마인드맵을 꼼꼼히 비교 분석한다. 마인드맵에서 틀린 내용과 빠진 내용은 없는지 확인하고, 수정하거나 추가할 부분은 빨간색으로 정리한다. 마인드맵은 단순히 개념만 정리하는 것이 아니라 잘못 알고 있었던 부분을 확인하고, 고칠 수 있는 기회가 된다.

노트는 공부한 내용을 효과적으로 정리하는 데 도움이 되는 학습 도구다. 필기를 하지 않고 공부를 잘하는 사람을 찾아보기는 어렵다. 성공 학습자들도 나름의 정리의 기술을 활용해서 배운 지식을 효과적으로 이해하고 암기해서 머릿속에 붙잡아 둔다. 학생들도 자신만의 노트 정리법으로 공부의 달인으로 거듭나길 바란다.

Part 6

고1을 위한
1년 계획표

첫 아이를 학교에 보낼 때는 막연하다. 주변에서 이런 저런 이야기를 듣기는 하지만 실제 학교마다 상황이 다르기 때문에 입학해서 학교생활을 하다 보면 생각지 못한 일들이 많이 생긴다.

특히 아들이 고등학교에 들어간 2011년에는 집중이수제(학교의 재량에 따라 특정 과목을 일정 기간에 몰아서 학습하는 방식)가 처음 시작되는 시기였기 때문에 여러 시행착오를 거쳤다. 1년 동안 학교생활을 겪어 보니 미리 알았더라면 좋았을 것들이 많이 생각난다.

주변에서 막연하게 정보를 얻어서는 의미가 없다는 결론을 내렸다. 반드시 그 학교에 다니는 학생들을 찾아서 직접 그 학교에 대한 정보를 얻는 것이 가장 필요하다. 만약 그런 학생을 만나기 어렵다면 학교에 찾아가 상담을 하는 것이 필요하다.

3월
새로운 3년의
시작을 알차게

        모든 일에서 첫 인상은 매우 중요하다. 고1의 시작은 지금까지 자신이 만들어 온 중학교까지의 인상과는 다른 모습을 보여줄 수 있는 절호의 기회다.

  초등학교, 중학교는 주소지를 기준으로 학교가 배정되기 때문에 인근의 학생들이 비슷하게 진학한다. 하지만 고등학교는 대부분 여러 가지 선택의 방법을 통해 진학하기 때문에 전혀 모르는 학생들과 새롭게 반이 구성된다. 따라서 중학교 생활을 하면서 아쉬웠던 부분들을 잘 생각해서 새로운 모습을 보이는 것이 필요하다.

  3월 중반이 되면 학교 홈페이지에 많은 자료들이 올라온다. 그중 가장 중요한 것은 1년 동안의 학사 일정이다. 중간고사, 기말고사 등의 시험 일정과 여름방학, 겨울방학 일정이 올라온다. 그 외에도 소풍, 수학여행, 수련회, 체험활동, 학교장 재량 휴업일까지 1년 동안의 일정이 올라오기 때문에 자신의 연간 플랜을 작성하는 것이 필요하다.

교과목별로 학습진도계획을 공개하는 학교도 있다. 선생님별로 진도를 올리는 것이 일반적인데 실제 수업이 계획대로 칼같이 맞춰서 진행되기는 어렵지만, 그래도 어느 정도 윤곽을 잡을 수 있다. 또한 과목별로 수행평가에 대한 기준과 일정이 올라오기 때문에 준비를 위해 꼼꼼히 살펴보는 것이 필요하다.

학부모들은 '내자녀 바로알기' 학부모서비스에 가입을 하여 학생들의 학교생활에 대해서 지속적인 관심을 가지는 것이 필요하다. 중학교 때 이미 가입이 되어 있는 경우는 자동으로 연계가 되기 때문에 따로 신청할 필요는 없다. 매 학기가 종료되었을 때 학교생활기록부에 어떤 기록이 남겨지는지 살펴보는 것이 필요하다.

학생은 담임선생님과 각 과목 선생님들께 긍정적인 모습을 보여주기 위해서 최선을 다해야 한다. 그리고 학급 활동에서도 적극적으로 임해야 한다. 각 반의 임원을 하는 것은 대학입시만을 위해서 필요한 것이 아니라 사회생활을 하면서도 매우 중요한, 리더십을 기르기 좋은 기회이기 때문에 적극적으로 나서는 것이 좋다.

STUDY MATE

● 학부모서비스 신청 방법

① 공인인증서 준비('학부모서비스 전용 공인인증서'를 발급 받거나, 거래은행을 방문하여 신청)

② http://www.neis.go.kr접속 → 〈학부모서비스〉 클릭 → 〈○○ ○교육청〉 클릭→ 〈로그인〉 클릭→ 〈회원가입 없이 이용하시는 경우〉 클릭 → 〈학부모서비스〉 클릭 → 공인인증서로 로그인 → 〈서비스 소개 및 신청 – 학부모서비스 신청〉을 클릭

③ 학부모 정보 입력 후 〈학교 찾기〉를 통해 학교를 찾은 후 학년, 자녀의 이름, 주민등록번호를 입력하고 〈신청〉 클릭, 학생정보 입력 후 신청

④ 담당교사가 학부모 정보 확인 후 승인(2~3일 소요), 승인이 지연 될 경우 학교로 문의

⑤ 승인이 되면 〈자녀정보조회〉 메뉴를 클릭하여 학부모서비스 이용

※ 서비스 소개 및 신청방법 : 자녀정보조회에 재학 중인 학교가 있 으면 학부모서비스 신청 불필요

※ 상위 학교 진학 및 학년 진급 시 자동 연계되므로 학부모서비스 신청 불필요

※ 남학생들의 경우는 학교에서 주는 가정통신문을 제대로 가지고 오지 않는 경우가 많기 때문에 부모들은 수시로 학교 홈페이지에 접속해서 어떤 가정통신문이 나왔는지 확인하는 것도 필요하다.

또한 동아리 활동은 비교과에서 매우 중요한 평가 요소이다. 그러니 자신의 장래 진로에 맞는 동아리에 가입하기 위해 신중하게 선택하고 노력해야 한다. 그러기 위해서는 고등학교에 입학하면서 자신의 진로에 대해서도 미리 많은 생각을 할 필요가 있다.

입학사정관전형에서는 동아리활동 외에도 독서활동과 봉사활동이 매우 중요한 자료가 되므로 의미 있는 봉사활동을 미리 계획하는 것도 필요하다. 지역사회에서 봉사활동을 할 경우에도 자신의 진로와 일치하는 봉사활동을 할 수 있다면 의미가 있다. 최근에는 봉사활동에 대한 관심이 높기 때문에 미리 알아볼 필요가 있다.

4월
첫 시험에서
기선 제압을

5월초에 실시되는 중간고사는 실질적으로 고등학교에 들어와 처음 보는 시험이기 때문에 최선을 다해야 한다. 학교에 따라서 3월에 전국 모의고사를 보는 학교도 있지만 대부분의 학교에서 고1의 3월 모의고사는 응시하지 않는 추세이기 때문에 중간고사는 공식적인 첫 시험이다.

고1의 1학기 중간고사는 고등학교에서 보는 총 12회의 학교 시험 중 하나지만 이 시험의 성적이 자신의 전체적인 이미지를 결정하기 때문에 매우 중요하다. 따라서 4월 둘째 주부터는 시험에 대한 계획을 짜야 한다.

중간고사에서는 보통 6개 내지 7개 과목을 보게 된다. 예체능 과목인 음악, 미술, 체육은 대부분 기말고사에서만 본다. 학교마다 차이는 있지만 시험 기간은 3일에서 최대 5일까지 치러진다. 따라서 하루에 1과목 또는 2과목을 보게 되는데, 학생들이 시험기간 중 집중력을 잃는 경우가 있기 때문에 미리 마음의 준비를 할 필요가 있다.

4월 둘째 주에 계획을 짤 때는 아직 시험 범위가 완전히 정해지지 않을 수도 있지만 5주 정도 진도 나가는 것을 파악해보면 중간고사 범위는 어느 정도 예측이 가능하다. 따라서 시험을 준비하는 4월 첫째 주와 둘째 주는 학교에서 진도 나가는 부분이 곧 시험 범위에 해당하기 때문에 복습을 철저히 하면서 주말에 공부하는 시간을 늘려야 한다.

이미 자신의 진로가 이과나 문과로 결정되었다면 과목별로 우선순위를 정한다. 대학입시에서 일반적으로 문과인 경우에는 국어, 수학, 영어, 사회 교과를, 이과인 경우에는 국어, 수학, 영어, 과학 교과를 반영한다(일부 대학에서는 국어, 수학, 영어, 사회, 과학 교과를 모두 반영하기도 한다).

전 과목을 모두 완벽하게 준비하는 것이 가장 좋지만 그렇지 못한 수준의 학생이라면 우선순위를 정해서 집중할 과목과 그렇지 않아도 되는 과목을 분류해서 시험 준비를 한다면 좀 더 효율적인 결과를 얻을 수 있을 것이다.

| 주요 대학의 교과 반영 방법 |

대학	수시모집(일반전형 기준)	정시모집
서울대	반영 방법 없음	국어, 수학, 영어, 사회, 과학, 기술가정, 한문, 제2외국어 전 과목
연세대	반영과목A (70% 반영) : 국어, 영어, 수학, 사회, 과학 반영과목B (30% 반영) : 그 외 과목(9등급인 경우 감점)	국어, 영어, 수학, 사회(인문계), 과학(자연계) 교과별 3과목(최대 12과목)
고려대	국어, 영어, 수학, 사회(인문계), 과학(자연계) 전 과목	국어, 영어, 수학, 사회(인문계), 과학(자연계) 교과별 3과목(최대 12과목)
서강대	국어, 영어, 수학, 사회, 과학 전 과목	국어, 영어, 수학, 사회/과학 교과별 2과목(최대 8과목, 사회/과학 중 2과목)
성균관대	국어, 영어, 수학, 사회(인문계), 과학(자연계) 전 과목	전 교과 중 학년별 상위 4과목(최대 12과목)
이화여대	인문계 : 국, 영, 수, 사, 과 자연계 : 국, 영, 수, 과 상위 14단위 과목	국어, 영어, 수학, 사회, 과학 교과 중 가장 우수한 30단위
한양대	국어, 영어, 수학, 사회(인문계), 과학(자연계) 전과목	국어, 영어, 수학, 사회(인문계), 과학(자연계) 교과별 3과목(최대 12과목)
경희대	국어, 영어, 수학, 사회(인문계), 과학(자연계) 교과별 상위 5개 과목씩	국어, 영어, 수학, 사회(인문계), 과학(자연계) 교과별 3과목(최대 12과목)
중앙대	국어, 영어, 수학, 사회(인문계), 과학(자연계) 전 과목	국어, 영어, 수학, 사회(인문계), 과학(자연계) 교과별 5과목(최대 20과목)
한국외대(서울)	국어, 영어, 수학, 사회 전 과목	국어, 영어, 수학, 사회 전 과목
서울시립대	국어, 영어, 수학, 사회(인문계), 과학(자연계) 전과목	국어, 영어, 수학, 사회 전 과목
건국대	국어, 영어, 수학, 사회(인문계), 과학(자연계) 전과목	국어, 영어, 수학, 사회(인문계), 과학(자연계) 전 과목 (2, 3학년 성적만)
홍익대	인문계 : 국어, 영어, 사회 전 과목 자연계 : 수학, 영어, 과학 전 과목	인문계 : 국어, 영어, 사회 전 과목 자연계 : 수학, 영어, 과학 전 과목
인천대	인문계 : 국어, 영어, 사회 전 과목 자연계 : 수학, 영어, 과학 전 과목	인문계 : 국어, 영어, 사회 전 과목 자연계 : 수학, 영어, 과학 전 과목
수원대	영어, 사회/과학, 국어(인문), 수학(자연) 교과 중 학기별 1과목씩 15과목	영어, 사회/과학, 국어(인문), 수학(자연) 교과 중 학기별 1과목씩 18과목

　　　　　　　　　고등학교에 와서 본 첫 번째 시험인
중간고사를 준비하느라 많이 긴장했던 학생들이 중간고사를 마무리
하고 나면 긴장이 풀어지게 된다. 중간고사가 끝나면 많은 학교에서
수련회, 체험활동, 체육대회, 축제 등의 다양한 활동이 시작된다. 이
시기는 계획을 제대로 세우지 않는다면 학습적인 면에서는 우왕좌왕
하다가 그냥 보내게 된다.

　중간고사를 보고 나서 무엇보다 먼저 해야 하는 일은 자신이 학교
에서 어느 정도의 위치에 있는지 확인하는 것이다. 3월에 모의고사
를 본 경우도 모의고사의 시험 범위가 중학교 과정이기 때문에, 결국
중간고사 결과가 고등학교에서의 자신의 위치를 확인할 수 있는 지
표다.

　2014년부터는 고등학교도 상대평가가 아닌 절대평가가 적용되지

만 2013년에 입학하는 학생들은 등급제가 계속 유지되기 때문에 학교에서 상대적인 자신의 위치가 매우 중요하다.

STUDY MATE

| 2013년 입학생의 성적표 |

과목	단위수	원점수/과목평균(표준편차)	석차등급(수강자 수)
수학	3	95/70(10)	1(532)

| 2014년 입학생의 성적표 |

과목	단위수	원점수/과목평균(표준편차)	성취도(수강자 수)
수학	3	95/70(10)	A(532)

* 단위수 : 1주일에 3시간을 배우는 과목은 3단위, 1시간을 배우는 과목은 1단위.
* 석차등급 : 1~9등급으로 구분
* 성취도 : A, B, C, D, E로 구분
* 원점수 : 시험에서 받은 실제 점수
* 과목 평균 : 같은 시험을 본 학생들의 평균값
* 표준편차 : 학생들의 성적 분포에 따라 달라짐

절대평가가 실시되면 90점 이상인 모든 학생은 A등급을 받게 된다. 상대평가인 등급제에서는 시험을 본 학생들 중에서 4%에 해당하는 학생들만 1등급을 받는다.

절대평가에서는 학교마다 시험을 쉽게 낼 것 같지만 성취도만 표시되는 것이 아니고 과목평균과 표준편차가 기록되기 때문에 무조건 쉽게 내지는 않는다. 현행 제도에서도 수시모집에서는 등급 대신 표준점수(Z점수)를 반영하는 상위권 대학이 있는데 시험을 쉽게 내서 과목평균이 높아지면 상위권 학생들의 Z점수가 나빠져 상위권 대학을 진학하는 데 불리하게 작용한다. 따라서 학교마다 시험의 난이도는 어느 정도 적정 수준에서 유지될 것이다.

중간고사를 통해 자신의 위치를 확인했다면 부족한 부분이 무엇인지 파악해야 한다. 왜냐하면 성적표에 나타나는 석차등급이나 성취도는 모두 기말고사 성적까지 합해서 나오기 때문이다. 자신의 부족한 부분을 중간고사를 통해 확인했다면 기말고사에서 보완을 할 수 있도록 해야 한다.

5월에 있는 여러 가지 학교행사에 휩쓸려 중간고사 결과를 무시하고 지내면 기말고사를 준비할 시간이 모자라 1학기 성적을 망치는 결과로 나타날 수 있다. 정신을 바짝 차리도록 하자.

6월
내 위치는 전국에서
어디쯤일까

　　6월 중순이 지나면 기말고사를 준
비해야 하는 시기가 된다. 하지만 그 전에 6월초가 되면 전국의 모든
고등학생들이 전국 모의고사를 본다. 3월 모의고사와는 달리 고등학
교에서 배운 내용으로 시험을 보는 첫 번째 전국 모의고사다.

　　5월에 있었던 중간고사가 학교 내에서 자신의 위치를 파악할 수
있었던 시험이라면 6월의 전국 모의고사는 전국에서 나의 위치를 파
악할 수 있는 시험이기 때문에 매우 중요하다. 이 책의 처음에서 이
야기했듯이 대입에서 중요한 것은 점수가 아니라 등수다. 상위권 대
학의 한정된 입학 정원 속에 포함되려면 전국에서 자신이 몇 등 정도
를 하는지 파악하는 과정이 꼭 필요하다.

　　모의고사를 보면서 가장 중요하게 대응해야 하는 것은 시간관리
다. 지금까지 학교에서 보던 중간고사와 기말고사는 시험감독 선생

님의 재량에 따라 시험 시간을 조금 더 주기도 하고, 시험의 문항수도 정해진 시간 안에 풀기에 전혀 무리가 없는 수준으로 출제되었을 것이다.

하지만 수능 시스템을 기반으로 하는 모의고사는 연습이 부족하면 제 시간 안에 다 풀지 못하는 경우도 많고, 아침부터 오후 늦게까지 긴장 속에서 연달아 진행되는 첫 모의고사이니만큼 시간관리를 잘하지 못하거나, 시험 시간에 집중하지 못하면 자신의 원래 실력을 제대로 발휘하지 못하는 결과가 나오는 경우가 많다.

| 모의고사 시간표 |

과목	시험영역		시험시간		문항수	비고
1	국어		08:40~10:00	80분	45	
2	수학		10:30~12:10	100분	30	단답형 30% 포함
3	영어		13:10~14:20	70분	45	듣기평가 22문항 포함(13:10부터 30분 이내)
4	사회 과학 탐구	1과목 시험	14:50~15:20	30분	20	문제지 회수 시간은 2분임
		문제지 회수	15:20~15:22	2분		
		2과목 시험	15:22~15:52	30분	20	

오전 8시 30분부터 오후 4시 정도까지 진행되는 모의고사는 지구력이 필요하기 때문에 미리 마음의 준비를 하고 모의고사를 보기 전에 주말을 이용해서 한 번쯤 기출문제를 풀어보는 기회를 갖는 것이 당황하지 않고 자신의 실력을 발휘할 수 있는 방법이다.

학생들이 가장 어려워하는 과목은 역시 수학이다. 100분이라는 시간 동안 집중하는 것이 쉽지 않기 때문에 시험을 보는 과정에서 지치기도 한다. 따라서 평소에 공부할 때 50분 단위로 끊어서 집중하는 것보다는 2시간 정도로 길게 집중하는 연습을 하는 것이 좋다.

점심식사를 한 후에 3교시가 되면 졸음이 밀려오기도 한다. 이때 영어듣기가 30분 정도 이어지는데 많은 학생들이 졸려한다. 평소 점심식사 후 수업시간에 꾸벅꾸벅 조는 학생들은 점심을 먹은 후 남은 시간을 활용해 잠깐 잠을 자는 것도 전략이다.

마지막 4교시 탐구 영역은 사회와 과학 중에서 2과목을 선택해서 시험을 보게 되므로 어떤 과목을 선택해서 시험을 볼지 미리 결정해 둔다. 이 시간쯤 되면 처음 경험해보는 오랜 시간의 긴장 때문에 고1 학생들은 거의 지쳐서 기진맥진한다. 그리고 사회, 과학은 국어, 영어, 수학에 비해 중요하지 않다고 생각하던 경향 때문에 시험을 건성으로 대충 보는 경우도 생긴다.

모의고사를 끝내고 나면 각 과목별로 수행평가를 위한 과제를 제출하는 시기가 다가온다. 미리 계획을 세워서 준비하지 않으면 제출 시한에 임박해서 늦은 시간까지 잠을 못 자고 마무리하는 경우도 생긴다. 이로 인해서 생활리듬이 망가지기도 하니 계획을 잘 세워야 한다. 고등학교의 성적도 중학교와 마찬가지로 지필고사와 수행평가를 합해서 최종 성적이 나오기 때문이다.

대부분의 학교는 3월 중에 각 과목별로 평가기준을 정해서 발표하기 때문에 과목별 평가기준에 대해서는 정확하게 알아두어야 한다.

| 성적 평가 기준(예시) |

구분 교과	1학기								
	지필고사		수행평가		중점 평가기간				
	평가항목	반영비율	평가항목	환산점수	3월 1~5주	4월 1~5주	5월 1~5주	6월 1~5주	7월 1~3주
국어	중간고사	35	말하기, 듣기	10			○		
	기말고사	35	읽기, 쓰기	10			○		○
			과제태도	10	○	○	○	○	○
영어	중간고사	35	듣기평가 1회	20		○			
	기말고사	35	말하기	10			○		
수학	중간고사	45	문제해결 능력평가	10				○	
	기말고사	45							
역사	중간고사	40	과제	10		○			
	기말고사	40	태도	10	○	○	○	○	○
과학	중간고사	30	포트폴리오	10	○	○	○	○	○
	기말고사	30	실험1	15			○		
			실험2	15				○	
음악	기말고사	30	가창	30		○			
			창작	30				○	
			태도	10	○	○	○	○	○
미술	기말고사	20	디자인	30		○			
			조소	30			○		
			태도	20	○	○	○	○	○

7월
중간고사를
만회할 기회

6월말부터 기말고사 준비를 시작한다. 주요 과목 중에서 중간고사에서 부진했던 과목들은 우선순위를 두고 준비해야 한다. 자신이 장래 가고자 하는 계열별로 주요과목이 조금씩 다르겠지만 기말고사에서는 과목별로 균형을 잘 맞출 수 있도록 하는 것이 필요하다.

기말고사를 보고 나면 방학까지 시간이 조금 남는다. 이 시기에는 1학기 동안의 자신의 생활을 돌아보는 것이 매우 중요하다. 고등학교 생활은 총 6학기로 구성되어 있는데 이 시점에서 1/6의 시간이 마무리된 것이다.

일단 교과 성적에서 부족한 부분이 무엇인지 정리해야 한다. 내신 성적에서 문제점을 찾아보고 전국 모의고사 결과도 꼼꼼히 살펴본다. 모의고사 성적표가 기말고사를 준비하는 기간에 나오는 경우가 많기 때문에 깊게 생각하지 못하고 넘어가는 학생이 많은데 방학을 맞이하기 전에 꼭 살펴볼 필요가 있다.

이 시기에 가능하면 담임선생님과 상담을 요청해서 선생님의 의견을 들어보자. 학생들은 선생님들께서 부르지 않으면 스스로 먼저 상담을 하겠다고 하는 경우가 거의 없기 때문에 상담을 요청하면 대부분 반갑게 맞아주실 것이다.

교과 성적 외에도 독서활동, 동아리활동, 봉사활동, 체험활동 등의 비교과 활동들도 에듀팟(http://www.edupot.go.kr, 학생이 자기 주도적으로 학교 내·외의 다양한 창의적 체험활동을 기록·관리하는 온라인 시스템, '창의적 체험활동 교육과정'의 4가지 영역인 자율활동, 동아리활동, 봉사활동, 진로활동 중심의 활동 내용과 자기소개서, 방과후활동 등을 포함하는 교과 외 활동에 학생이 성실히 참여한 과정과 결과를 기록·관리할 수 있다)에 기록을 남기고 부족한 부분은 방학 동안에 어떤 활동을 할지 계획을 세워야 한다. 아무래도 방학 동안에는 시간에 여유가 있기 때문에 비교과 활동에 대해서도 미리 계획을 세우기 용이하다.

고등학교에서 처음으로 맞이하는 여름방학을 효과적으로 보내기 위한 준비를 제대로 하지 않으면 방학이 별 의미 없이 지나가는 시간이 된다.

● 에듀팟 기록하기

1. 에듀팟 영역

: 자기소개서, 자율활동, 동아리활동, 봉사활동, 진로활동, 방과후 학교활동, 진로심리검사, 포트폴리오 관리

2. 에듀팟에 기록할 수 있는 체험활동

　가. 학교 교육과정에 따른 창의적 체험활동

　　• 정규 교육과정으로 편성·운영되는 창의적 체험활동의 활동 내용

　나. 학교 교육계획(정규 교육과정 외)에 따른 창의적 체험활동

　　• 단위학교 자체적으로 학교계획에 의해 일부 학생 및 동아리 단위로 창의적 체험활동을 실시한 내용

　　• 방과후 학교(학생 선택에 의한 교과 및 특기적성 교육 프로그램)에 참여한 내용

　다. 학교장 추천에 의해 개인, 동아리 단위로 참여한 창의적 체험활동

　　• 교육행정기관(교과부, 시·도교육청, 교육지원청), 대학, 학교가 연계하고 있는 지역사회 기관 등에서 주관하는 창의적 체험활동

　　• 지역 내 학교 연합으로 참여한 체험활동

　　• 기타 학교장이 추천·허가한 개인 체험활동

라. 공공성 인정기관에서 실시한 개인 계획에 의한 체험활동

- 중앙행정기관, 공공기관, 교육기부기관 등에 참여한 개인 체험활동
  - 정부조직도에 의한 중앙행정기관, 시·군·구 지자체 및 산하기관
  - 교육행정기관, 교육기부 마크제 선정 기관
- 시·도교육청, 교육지원청, 단위학교에서 MOU 체결 등으로 승인한 기관에 참여한 개인 체험활동

3. 에듀팟에 기록할 수 없는 체험활동

- 학교계획에 의한 해외 체험활동(봉사, 동아리활동 등)은 기록 불가
- 학교장의 승인 절차 없이 개인적으로 실시한 창의적 체험활동 기록 불가
- 각종 (경시)대회의 성격을 갖는 행사에 참여하여 수상한 내용 기록 불가

8월
여름방학에는
휴식과 재충전을

여름방학에는 학기 중에 부족했던 다양한 활동을 해야 한다. 독서 계획도 세우고, 봉사 활동이나 동아리 활동도 미리 계획을 해서 실천한다. 학교에서 진행되는 방과 후 교실 등에도 적극적으로 참여할 필요가 있다.

에듀팟에 기록할 수 있는 체험 활동이 제한되기 때문에 입시를 목적으로 활동할 때는 입시에서 인정을 받을 수 있는 활동인지 그렇지 않은 활동인지 미리 확인하고 계획을 세우는 것이 중요하다.

입학사정관전형으로 대학을 진학하고 싶다는 생각을 한다면 아무래도 1학년부터 꼼꼼하게 비교과에 대해서 신경을 써야 한다. 입시는 정해진 모집요강에 맞춰서 준비하는 과정이기 때문에 방학 중에 자신이 가고 싶은 대학과 학과를 정해본다. 1개의 대학과 학과를 정하는 것보다는 비슷한 수준의 대학에서 3~4개 정도로 넓혀서 정하는 것이 좋겠다.

자신이 정한 대학에는 어떤 전형이 있는지 살펴보고 입학사정관 전형에서는 어떤 자격이나 서류를 요구하는지 확인하고 나서 여름방학 동안 할 수 있는 활동을 계획한다면 훨씬 효율적인 시간 활용이 될 것이다.

여름방학이 시작되기 전에 자신의 계열에서 어떤 학과를 갈 수 있는지 고민을 해야 한다. 대부분의 학생들은 학과에 대해서는 별로 생각하고 있지 않다가 고3이 되어서야 학과에 대한 고민을 한다. 그러다 보면 아무래도 조급한 마음으로 결정을 하게 되어 나중에 후회하는 경우가 많다. 따라서 1학년 여름방학부터 차근차근 자신의 진로에 대해서 생각하는 시간을 갖는 것이 매우 중요하다.

여름방학 동안 꼭 권하고 싶은 활동은 자신이 원하는 대학을 방문해보라는 것이다. 대학은 방학이라도 계절 학기나 대학원 수업 때문에 학생들이 많이 있다. 평일 중 하루를 잡아 자신이 꼭 가고 싶은 대학에 직접 찾아가는 것은 고등학교 1학년 때 해볼 중요한 일이다. 자신이 원하는 학과가 있는 건물을 찾아가보고 학과의 사무실에 가서 그 학과를 다니는 학생들과 이야기를 나눠보고, 경우에 따라서는 그 학과의 교수님을 뵙는 것도 아주 좋은 활동이 된다.

요즘은 인터넷이 발달하다 보니 직접 방문하지 않고 인터넷으로만 보는 경우가 있는데, 되도록 직접 방문하는 것을 권하고 싶다.

| 수도권 상위권 대학의 위치 |

대학	주소지	인근 지하철역
서울대	서울시 관악구	2호선 서울대입구역
연세대	서울시 서대문구	2호선 신촌역
고려대	서울시 성북구	6호선 고려대역
서강대	서울시 마포구	6호선 대흥역
성균관대	서울시 종로구(인문) 경기도 수원시(자연)	4호선 혜화역 1호선 성균관대역
이화여대	서울시 서대문구	2호선 이대역
한양대(서울)	서울시 성동구	2호선 한양대역
중앙대(서울)	서울시 동작구	9호선 흑석역
경희대(서울)	서울시 동대문구	1호선 회기역
한국외대(서울)	서울시 동대문구	1호선 외대앞역
서울시립대	서울시 동대문구	1호선 청량리역
건국대	서울시 광진구	2호선 건대입구역
홍익대	서울시 마포구	2호선 홍대입구역
동국대	서울시 중구	3호선 동대입구역
숙명여대	서울시 용산구	4호선 숙대입구역
인하대	인천시 남구	1호선 주안역
아주대	경기도 수원시	1호선 수원역
경희대(국제)	경기도 용인시	1호선 수원역
서울교대	서울시 서초구	2호선 교대역
경인교대	인천시 계양구 경기도 안양시	인천지하철1호선 경인교대입구역 1호선 관악역

그리고 방학은 한 학기를 보내며 발견한 자신의 문제점들을 보완할 수 있는 절호의 기회다. 여름방학 동안의 공부 계획에는 자신이 가장 부족하다고 생각하는 과목을 하나 정해서 집중해 보는 것을 권한다. 방학은 의외로 짧은 기간이고 공부 외에도 다양한 활동을 하는 기간이기 때문에 너무 많은 공부 계획을 세우는 것은 무리다. 이 시기에 너무 빡빡하게 계획하면 결국 지키지 못하고, 자신의 능력에 대한 자신감을 잃게 될 수도 있기 때문에 재충전을 위한 휴식도 잘 고려해야 한다.

9월
새로운 마음으로
다시 시작하자

1학기를 보내면서 자신의 생활 패턴이나 공부 습관에 대해서 충분히 파악했다면 2학기를 시작할 때는 좀 더 효율적인 계획을 세워야 한다. 이제는 평소계획, 시험계획, 방학계획 등 장기 계획을 제대로 세우고 실천하는 것이 필요하다.

앞에서도 설명했지만 학생들의 생활은 대부분 주간 단위로 비슷한 생활이 반복되기 때문에 1학기 동안 실천한 시간표를 바탕으로 자신의 장단점을 파악하여 보다 완벽한 계획을 짜는 것이 중요하다.

특히 1학기를 보낸 후에는 어느 정도 자신이 지원할 전형에 대해서 결정이 되어야 한다. 대학입시를 크게 나누면 입학사정관전형을 비롯한 특별전형, 논술을 중요시하는 일반전형, 그리고 수능이 중요한 정시모집으로 나눌 수 있다. 아직은 확실하게 결정할 수 없지만 그래도 어느 정도의 우선순위는 생각해야 한다.

공부 계획에서 가장 중요한 것은 계열 또는 수준에 따라 우선순위 과목이 다를 수 있기 때문에 자신의 1학기를 돌아보면서 과목의 우선순위를 정하는 것이다. 내신성적도 중요하지만 상위권 대학을 진학하기 위해서는 수능 성적이 매우 중요하기 때문에 자신이 잘하는 과목에만 집중하지 말고 잘해야 하는 과목에 집중해야 한다.

10월
1학기를 돌아보며 부족한
부분을 보충하자

2학기 중간고사를 보는 기간이다. 추석 연휴가 이 시기에 있기 때문에 좀 어수선하게 시험을 준비하는 경우가 많다. 1학기에 나타난 자신의 취약 과목을 확실하게 만회할 수 있어야 한다. 여름 방학 동안 보완했던 것이 어느 정도 효과가 있는지 체크할 수 있다.

고등학교에 와서 치르는 내신 시험으로는 3번째이기 때문에 자신의 장단점에 대해서는 어느 정도 파악되었을 것이다. 아직도 계획 세우기가 미흡하다면 다시 한 번 계획을 세우고 실천하는 과정을 거쳐야 할 시기이다. 2학기에 어느 정도 성과를 거두지 못하면 자신감이 떨어지게 된다.

1학년을 보내면서 학교 내에서의 수준을 파악하고 나면 대학입시에서 어느 전형에 집중해야 할지 알게 된다. 내신성적이 좋지 않으면 수시모집에 지원하는 것이 어렵다는 생각에 학교 공부에 소홀하게 되고 자꾸 수능 준비에만 집중하려는 마음을 갖게 된다. 물론 수능이 대입에서 매우 중요하기는 하지만 수능에 나오는 문제들은 학교 공부가 기본이 되기 때문에 항상 최선을 다해서 내신을 준비하는 습관을 갖도록 하자.

10월은 중간고사를 마무리하고 나면 다시 학교 행사들이 많아진다. 소풍, 축제, 체험활동 등의 행사들이 이어지면서 1학기의 5월과 비슷한 시기를 보내게 될 확률이 높다. 중간고사 후에 어떻게 시간을 보낼지 플랜을 정확하게 세우자.

11월
모의고사에서 어떤
변화가 있는지 점검하자

11월에는 1학기에 본 전국 모의고사를 다시 보게 된다. 이제는 고등학교 교육과정이 어느 정도 진행된 후에 보는 시험이기 때문에 자신의 위치를 영역별로 정확하게 파악하는 것이 필요하다.

시험 결과를 놓고 자신의 취약 과목을 냉정하게 파악하여 앞으로의 공부 계획을 다시 조정해야 한다. 특히 자신이 선택한 계열의 중요 과목이 취약하다면 더욱 분발해야 할 시기다.

11월은 고3들이 수능을 보는 시기이기 때문에 많은 기관에서 수시모집과 정시모집에 관련된 설명회를 개최한다. 2년 후의 대학입시는 현재와 조금 다를 수 있지만 그래도 어느 정도 입시의 감을 익히기 위해서는 설명회를 살펴보는 것이 좋다. 아직 당사자가 아니니 시간을 아끼기 위해 인터넷으로 보는 것도 좋다.

1학년의 마지막인 기말고사가 진행
된다. 이 시기 정도되면 자신의 취약과목과 주력과목이 결정이 되어
있기 때문에 공부계획을 효율적으로 세울 수 있어야 한다.

기말고사 준비와 함께 진행되는 수행평가에서도 문제점이 없도록
미리 계획을 세운다. 많은 학생들이 제출 기간에 임박해서 수행평가
를 하다 보니 기말고사 준비를 병행하면서 생활리듬이 깨지는 문제
점이 나타난다. 미리 계획을 세워서 기말고사 준비에 문제가 생기지
않도록 하자.

기말고사 후에 겨울방학을 위한 준비도 필요하다. 겨울방학은 여
름방학보다 길기 때문에 자신의 부족한 부분을 보완하기 좋다. 특히
자연계열 학생들은 2학년 때 배워야 할 수학의 양이 많기 때문에 수

학 선행 학습이 필요하다. 총 4권의 책을 배우는 자연계열은 2학년부터 빠른 속도로 진도를 나가기 때문에 미리 선행을 해서 어느 정도 기본 개념들을 알아두지 않으면 2학년 때 수학 공부하는 것이 쉽지 않다.

내신성적이 어느 정도 파악이 된 상태이니 수시모집에 응시할 학생들은 겨울방학에도 여름방학과 마찬가지로 여러 가지 체험활동, 봉사활동, 동아리활동에 대한 계획을 미리 세워야 한다.

1월
계열에 맞는
장점을 만들자

이제는 자신의 장단점이 모두 파악이 되었고, 학교에서 자신의 위치, 전국에서 자신의 위치도 어느 정도 파악되었다. 그러면 대학입시에서 자신이 어느 전형에 응시하는 게 유리한지 확인하고 그 전형을 준비하기 위해서 필요한 것을 정리해야 한다. 모든 것이 막연했던 학기 초가 아니기 때문에 과감하게 버려야 할 것이 무엇인지 결정해야 한다. 그리고 자신에게 필요한 것을 보완하기 위해 최선의 노력을 해야 한다.

겨울방학은 길기 때문에 다양한 계획이 필요하다. 하지만 교과 공부는 자신에게 꼭 필요한 것을 1~2가지만 선택해서 집중하는 것이 좋다. 자연계열의 학생들은 수학에 대한 집중적인 투자가 필요할 것이다. 인문계열의 학생들은 국어와 영어에서 필요한 것을 좀 더 확실히 다져두는 시기가 되면 좋겠다.

2월
새로운 시작을
준비하자

            2월은 겨울방학의 연속으로 볼 수 있기 때문에 12월말에 미리 세워둔 계획대로 진행한다. 다만 개학, 졸업식, 종업식이 이어지면서 어수선한 시기를 보내기 때문에 좀 더 구체적인 계획을 1월말에 다시 점검해야 한다.

    2월은 1학년 시기에 부족했던 부분을 보완할 수 있는 마지막 시기다. 겨울방학을 어떻게 보냈느냐에 따라 새로운 학년에서 두각을 나타낼 수 있느냐, 없느냐가 정해지기 때문에 좀 더 꼼꼼하게 자신의 단점을 보완하는 시기로 여기고 마지막까지 최선을 다하자.

맺음말

요즘 게임을 즐기는 청소년들이 많다. 어떤 게임이든 레벨을 올리거나 상대방을 이기려면 전략이 있어야 한다. 전략이란 전쟁을 치르거나 사회적 활동을 하는 방법, 책략을 뜻한다. 즉, 자신과 상대방의 장단점을 파악하고, 적절한 시기에 최고의 무기(아이템)를 갖춘 후 효과적인 기술을 사용해야 하는 것이다.

그런데 전략이 없다면 어떻게 될까? 아마 지도가 없어서 나와 상대방이 어디 있는지도 모를 것이고, 무기도 없어서 상대방을 공격할 수도, 상대의 공격을 방어할 수도 없을 것이며, 무기가 주어지더라도 활용할 수 있는 기술이 없어서 무용지물과 다름없을 것이다. 결과는 죽거나 죽을 만큼 다치거나 둘 중 하나다.

입시와 학습도 마찬가지다. 입시 전략이 없다면 어디로 가는 지도 모른 채 정처 없이 헤매다가 이곳저곳을 기웃거리게 되고, 결국에는 시행착오를 겪으면서 방황하게 될 것이다. 학습 전략이 없다면 많은 시간과 노력, 비용을 들이지만 기대만큼의 성과가 나오지 않아서 실망감과 실패감으로 괴로워하게 될 것이다.

이 책을 만난 학생들은 이제 입시와 학습에 대한 고민을 날려버리고 대입 목표 달성에 대한 희망을 갖게 될 것이다. 왜냐하면 구체적인 전략을 갖추는 데 필요한 유용한 정보들을 얻게 되었기 때문이다.

계열별 학과의 종류, 수시모집과 정시모집의 특성, 수능에 대한 이해, 학생부 교과 성적, 논술, 입학사정관전형 등으로 자신만의 입시 전략을 세웠으리라 생각한다. 주간계획표를 바탕으로 한 시간관리 요령, 내신과 수능 두 마리 토끼를 잡는 과목별 학습 방법, 공부 달인들의 성공 노하우, 월별로 알아보는 고1 '일년 계획표' 등으로 자신만의 학습 전략도 세웠을 거라 믿는다.

확실한 입시 학습전략을 바탕으로 성공적인 고등학교 생활을 시작하는 데, 이 책이 작은 밑거름이 되면 좋겠다. 질풍노도와도 같은 사춘기를 무사히 넘기고, 인생의 첫 번째 목표를 향해 나아가는 길이 순풍에 돛단 듯이 매끄럽게 이어지길 바란다. 혹여나 태풍이 불어서 좌초하거나 방향을 잃고 엉뚱한 곳으로 가더라도 실망하지는 말자. 우리에게는 다시 도전할 수 있는 내일이 있다. 늘 밝고 긍정적인 생각으로 생활하고 공부하길 바란다. 그럼 분명 좋은 결과를 내게 될 것이다. 정상에서 만나길 기도하면서……

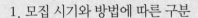

부록 _ 대학입시 관련 용어 설명

1. 모집 시기와 방법에 따른 구분

1) 수시모집

수험생의 대학 선택의 폭을 넓히기 위해 2002학년도부터 실시된 대입전형. 정시모집에 앞서 수능 시험 외에 다양한 기준과 방법으로 신입생을 모집한다. 수시모집에 합격하게 되면 등록 여부와 상관없이 정시모집에는 지원할 수 없게 되니 신중하게 지원해야 한다.

· 수시 1차, 수시 2차

수시모집을 구별할 때는 원서접수 시기와 상관없이 수능 이전에 대학별고사(논술, 면접 등)를 보는 경우는 수시 1차, 수능 이후에 보는 경우는 수시 2차라고 한다.

· 수시 원서접수 기간

2012년(2013학년도)부터는 수시 회차에 따라 두 차례로 나눠서 접수한다(작년까지는 대학 자율에 따라 결정).

| 2013학년도 수시 원서접수 기간 |

수시 1회차 (수능 이전) 접수	2012. 8. 16(목) ~ 9. 11(화)
수시 2회차 (수능 이후) 접수	2012. 11. 12(월) ~ 11. 16(금)

· 최저학력기준

주로 수시모집에서 대학의 일정 수준 이상의 학생을 모집하기 위해 수능 등급이나 학생부 성적 등의 하한선을 정해 놓은 기준.

(예시) 상위권 대학의 경우 2개 영역 2등급 이상, 중위권 대학의 경우는 3등급 정도.

· 단계별 전형

단계별 전형은 대학입시 전형 과정에서 모든 요소를 가지고 한 번에 학생을 선발하는 것이 아니라 여러 단계를 거쳐 합격자를 선발하는 것을 의미한다.

주로 1단계에서 모집정원의 몇 배수를 선발하고, 그 이후 단계를 통해 다양한 형태로 학생들을 선발한다. 수시 전형에서는 주로 1단계에서는 학생부 교과 성적을 반영한다. 따라서 일반적으로 '단계별 전형을 실시한다'는 것은 내신성적의 비중이 높음을 의미한다. 이러한 전형 방식은 수시 전형에서만이 아니라 정시 전형에서도 활용된다. 다만 정시모집에서는 우선선발과 일반선발이라는 단계별 전형이 적용되어 수시모집과는 다소 차이가 있다.

· 일괄 전형

단계를 거치지 않고 지원자 전체를 대상으로 학생부, 수능, 논술, 면접 · 구술고사 등 대학이 원하는 전형 요소의 점수를 합산하는 방식이다. 이럴 경우, 내신성적의 영향력이 축소되는 경향이 있다. 따라서 수시 전형에서 '일괄 전형이 확대되고 있다' 는 것은 내신성적의 영향력이 축소되는 것을 의미한다.

· 일반 전형

특별한 자격기준을 설정하지 않고 일반 학생을 대상으로 하는 전형이다. 학생부 교과 성적, 논술, 적성, 면접 등의 전형 요소를 반영한다.

· 특별 전형

대학의 교육 목적에 따라 다양한 소질과 적성의 학생을 선발할 수 있고, 대학교육의 본질을 훼손하지 않는 범위 내에서 차등적 보상의 원칙을 적용하는 전형이다. 주로 농 · 어촌 학생, 실업계 특별 전형, 특수교육대상자, 재외국민과 외국인 전형과 정원 내의 취업자, 특기자, 대학별 독자적 기준에 의해 모집하는 추천자, 소년 · 소녀 가장, 생계가 곤란한 독립유공자 손자 · 녀 전형, 자영업자, 내신성적 우수자, 영농후계자, 연예인, 공무원 재직자 및 그 자녀, 자격증 소지자, 운동선수, 지역할당, 발명, 대학수료자 등 그 종류만 해도 헤아릴 수 없을 정도로 많다. 그리고 학생들이 일반전형으로 알고 있고 많은 관심을 갖는 학교장 추천, 담임교사 추천 등도 이 전형에 속한다.

2) 정시모집

수능 성적 발표 이후에 원서접수를 하고 주로 수능 성적을 활용하여 학생을 선발하는 모집. 가, 나, 다 세 개의 모집군으로 나눠서 학생을 모집하는데 각 군별로 1회만 지원할 수 있기 때문에 정시모집에서는 총 세 곳에 원서를 접수할 수 있다(같은 대학이라도 전형 일자가 다른 군에 속할 때는 각각 지원할 수 있다).

· **정시 원서접수 기간**

수능 성적이 발표되고, 수시모집의 학생 선발이 마무리된 후에 원서 접수를 하게 된다. 군별로 원서 접수 날짜가 정해지는 편이다.

| 2013학년도 정시 원서접수 기간 |

가군, 나군, 가/나군	2012. 12. 21(금) ~ 26(수)
다군, 가/다군, 나/다군, 가/나/다군	2012. 12. 22(토) ~ 27(목)

· **가군, 나군, 다군**

정시모집에서의 전형 실시 기간에 따른 구분을 의미한다. 일반 문과나 이과는 정시모집에서 대학별 고사가 없지만 예체능의 경우는 실기 고사가 있기 때문에 실기시험은 정해진 기간 동안 실시해야 한다. 따라서 대학 간 혹은 같은 대학이라도 전형 일자가 다른 군에 속할 때는 자유롭게 지원할 수 있다. 하지만 각 군별로 하나의 대학에만 지원해야 한다. 단 산업대와 전문대학은 이에 해당하지 않기 때문에 각 군에 상관없이 자유롭게 지원이 가능하다.

· 분할 모집

한 대학에서 학과를 2개 이상으로 나누어 지원 학군을 배분하는 것을 의미한다. 이럴 경우, 지원학과의 선발 인원수가 감소하여 예상 점수가 상승하는 경향이 있다. 혹은 대학끼리 서로 경쟁 대학을 피하는 효과가 나타날 수도 있다. 따라서 전년도에 분할 모집을 실시하지 않았던 대학이 분할 모집을 실시할 경우에는 전년도의 정시 결과와 커트라인이 다르게 나타날 것을 예상하며 지원 전략을 세워야 한다.

· 수능 우선선발 제도

수능 성적이 우수한 학생을 별도로 모집 정원의 일정 배수 뽑는 제도. 수시모집이나 정시모집과는 조금 다르다. 이 우선선발 제도는 별도의 지원 형태를 두고 있는 것이 아니라 지원한 학생들 중 일정 자격을 갖춘 학생들을 선발한다. 우선선발에서 탈락한 학생들은 다른 학생들과 일반선발에서 다시 경쟁하게 된다.

- 수시모집 수능 우선선발 : 수능에서 높은 등급을 받은 학생들에게 논술 비율을 높게 하여 선발
- 정시모집 수능 우선선발 : 수능 100%로 선발. 학생부 성적을 반영하지 않음

· 미등록 추가 합격

수시모집이나 정시모집에서 2개 이상의 대학에 합격한 학생이 1개 대학에만 등록하는 경우, 다른 대학에는 미등록 인원이 발생하게 된다. 이때 각 대학은 미리 예비 합격생의 순위를 정해두고 있다가 추가합격자를 선발한다. 수시모집은 2차에 걸친 추가합격의 기회를 주기 때문에 100% 모집을 하지 못할 수도 있는데 이 경우 빈 자리만큼의 학생들을 정시모집에서 다시 선발할 수 있다.

· 실질반영률

학생부 실질반영비율이란 실제적으로 내신(교과) 성적이 전형 총점에 대하여 미치는 비율을 말한다. 즉 학생부를 반영한다는 것은 내신(교과) 성적만을 반영하는 것이 아니기 때문에 일반적으로 '다른 요소(비교과)가 대부분의 학생들이 만점일 경우를 가정'하여 산출하는 개념이다. 또한 내신성적 만점자와 최저점자의 편차 등을 고려한다. 따라서 내신성적 반영 비중을 살필 때는 꼭 실질반영률을 확인할 필요가 있다.

· 교차지원

수능시험에서 응시한 계열이 아닌 다른 계열의 모집 단위에 지원할 수 있는 제도. 보통은 사회탐구를 응시하면 인문계열, 과학탐구에 응시하면 자연계열로 분류한다. 물론 수리 가형과 나형(수학 A형과 B형)으로 분류를 할 수도 있지만 최근에는 자연계열 학생이 과학탐구를 보면서 수리 나형을 보는 학생이 많아서 정확한 분류가 어렵다는 점 때문에 탐구 과목으로 분류한다. 일반적으로 자연계열의 학과는 수학과 탐구영역을 꼭 가형(또는 B형)을 보고 과학탐구를 보아야 하지만 인문계열의 학과는 대부분의 대학이 과학탐구를 본 학생도 지원 가능하다.

· 비교내신제

학생부 성적이 없는 학생, 특목고 출신 학생, 재수생 또는 삼수생 이상 등(대학마다 적용대상이 다름)을 대상으로 학생부 성적을 산출하는 방식을 의미한다. 산출방법은 보통 대학수학능력시험의 종합등급 혹은 계열별 백분위 점수를 기준하여 적용하거나 비슷한 수능성적을 받은 학생의 내신성적을 평균하여 적용한다. 그렇기 때문에 비교내신이 적용되면 무조건 유리하다는 생각은 잘못이다. 즉 내신 성적이 매우 좋았던 재수생은 경우에 따라 손해를 볼 수도 있다.

나. 전형 요소에 따른 구분

1) 학교생활기록부

· 교과 성적

학생들이 고교 과정에서 학습하는 각 교과목의 성적(내신성적)

− 교과 : 국어, 수학, 영어, 사회, 과학 등의 큰 분류

– 과목 : 한 학기를 기준으로 수업을 들은 과목 (예시. 과학 교과에는 과학, 물리 I, 물리 II 등의 과목이 있다.)

– 2013년 현재 중2가 고1로 진학하는 시기에는 표기법이 변한다.

| 내신성적 표기 변화 |

2013년 현재 중학교 3학년 표기법

과목	성취도	석차/수강자 수
영어	수	30/286

진학

2013년 현재 중학교 2학년 표기법

과목	성취도 (수강자 수)	원점수/과목평균 (표준편차)
영어	A(286)	95/78(12)

진학

2014년까지 고등학교 표기법

과목	단위 수	원점수/과목평균 (표준편차)	석차등급 (수강자 수)
영어	3	95/70(10)	1(532)

2015년에 변경되는 고등학교 표기법

과목	단위 수	원점수/과목평균 (표준편차)	성취도 (수강자 수)
영어	3	95/70(10)	A(532)

· **비교과**

교과를 제외한 모든 요소가 비교과에 속한다. 일반적으로 비교과는 출결 및 봉사활동, 특별활동, 자격증, 수상경력 등을 포함한다. 비교과의 경우, 대부분 학생 생활기록부에 기재된 자료를 바탕으로 인정받게 된다. 어학 성적이나 경시대회 수상 경력 등은 특별 전형에서 필요한 경우 별도로 제출해야 한다.

2) 수학능력시험

· 표준점수

원점수에 해당하는 상대적 서열을 나타내는 점수. 즉 원점수의 분포를 영역 또는 선택과목별로 정해진 평균과 표준편차를 갖도록 변환한 분포 상에서 어느 위치에 해당하는가를 나타내는 점수이다. 일반적으로 표준점수는 평균 50, 표준편차 10인 분포를 나타내는 점수이다. 보통 평균이 낮을수록 만점자의 표준점수가 높다.

(예시) 국어, 영어, 수학은 평균을 받은 학생의 표준점수가 100점, 최고점은 200점이다. 사회탐구, 과학탐구는 평균이 50점, 최고점은 100점이다.

· 백분위

전체 응시집단에서 개인의 원점수보다 낮은 점수를 받은 학생의 비율을 의미한다. 예를 들어 수리 영역에서 원점수가 70점이었는데 백분위가 85라면 자신보다 아래의 집단 비율은 85%가 존재한다는 것을 의미한다. 거꾸로 위로는 15%의 상위 집단이 위치하고 있음을 의미한다.

· 등급

현재 학생부 교과 성적의 등급과 동일하게 9등급으로 제시한다. 석차백분율을 기준으로 다음과 같은 기준으로 등급을 기재한다.

| 석차백분율과 등급의 관계 |

등급	1	2	3	4	5	6	7	8	9
비율(%)	4	7	12	17	20	17	12	7	4
누적(%)	4	11	23	40	60	77	89	96	100

· 수능 가중치

각 대학마다, 각 영역별 비중도에 따라 학과나 대학 자체로 수학능력시험의 다섯 개 영역(언어, 수리탐구, 사회탐구, 과학탐구, 외국어, 제2외국어) 중 특정영역 성적에 더 많은 비중도를 부여하는 것을 의미한다. 가중치를 주는 방식은 반영 비율에 차이를 주는 경우도 있지만 주어진 등급에 부여하는 점수에 차별을 두는 방식도 있다. 특히 백분위를 반영할 경우, 가중치의 반영은 더 큰 영향력을 끼치는 만큼 향후 세부 입시요강의 가중치 여부를 판단하여 학습의 비중도를 조절할 필요가 있다. 일반적은 자연계의 경우에는 수리 영역, 과학탐구 영역에 가중치를 주며 인문계열의 경우에는 언어, 외국어, 수리, 사회탐구 등 자연계열보다는 다양한 영역들을 반영하게 된다.

| 참고자료 |

−커리어넷(http://www.career.go.kr)

−교육과학기술부(http://www.mest.go.kr)

−한국직업능력개발원(http://www.krivet.re.kr)

−한국교육과정평가원(http://www.kice.re.kr)

−≪박학천 논술 1318≫ 박학천 저 / 박학천논술연구소 간